从伙夫到电商牛人

小鱼传媒◎ 著

中华工商联合出版社

图书在版编目（CIP）数据

从伙夫到电商牛人：/ 小鱼传媒著．
- 北京：中华工商联合出版社，2015.9
ISBN 978-7-5158-1404-9

Ⅰ．①从… Ⅱ．①小… Ⅲ．①杨志明 - 传记 Ⅳ．
①K825.38

中国版本图书馆 CIP 数据核字（2015）第 199789 号

从伙夫到电商牛人

作　　者： 小鱼传媒
责任编辑： 郑承运 张瑛琪
装帧设计： 王玲芳
责任审读： 李　征
责任印制： 迈致红
出版发行： 中华工商联合出版社有限责任公司
印　　刷： 北京睿特印刷厂大兴一分厂
版　　次： 2016 年 1 月第 1 版
印　　次： 2016 年 1 月第 1 次印刷
开　　本： 710mm×1020mm 1/16
字　　数： 150 千字
印　　张： 16.25
书　　号： ISBN 978-7-5158-1404-9
定　　价： 39.00 元

服务热线： 010 — 58301130
销售热线： 010 — 58302813
地址邮编： 北京市西城区西环广场 A 座
19 — 20 层，100044
http://www.chgslcbs.cn
E-mail:cicap1202@sina.com（营销中心）
E-mail:gslzbs@sina.com （总编室）

凡本社图书出现印装质量问题，
请与印务部联系。
联系电话：010 - 58302915

目录

FROM A COOK
TO A BIG SHOT IN E-COMMERCE

FROM A COOK

TO A BIG SHOT IN E-COMMERCE

第一章

一个电商企业的诞生

华丽的蜕变——传统向电商的过渡

每个企业的诞生总有传奇的故事，每个企业的发展过程也总是充满惊喜。作为一家高速发展的电商公司，英特华成为企业发展的一个传奇。因为它从传统行业实现了华丽转身与蜕变，并在市场唱衰的图书领域内风生水起。团队的扩张，基地的构建，营业额的突飞猛进，都在构写着英特华的品牌故事。而这一切，都要从 2010 年说起。

2010 年，在餐饮行业混迹多年的杨志明看到餐饮行业的发展前景并不明朗，便想带着自己的企业转行。但是转行就要面临困难的抉择，转行转到哪个行业去呢？对于杨志明来说，只有图书行业和餐饮行业自己最熟悉，既然餐饮行业前景不明，转行只能转到图书行业了。

但是，摆在杨志明面前的严峻情况是：2010 年，图书行业开始暴走下坡路，因为图书市场的疲软，众多的书店纷纷倒闭。那一年，网络上流传着这样一个段子：

十年生死两茫茫，网店兴，实店亡。图书市场，处处话凄凉。纵使相逢应不识，回款少，退货涨。包件旅游实在忙，拼终端，酒断肠。

民渠精，主渠强，新渠心也痒。当当卓越欲称王，京东苏宁也是狼。图书业，已无常，全都忙转行，发行泪千行。

面对这样处处萧条的图书市场，转行进去不就是自找死路吗？很多人躲都躲不开，杨志明却毅然决然地决定进入图书行业。大家都非常不理解，这个杨志明到底怎么了？

原来，一心想着转行的杨志明在当年参加了杭州的一个供应商大会，在这次大会中他见到很多贴牌销售的皮革用品，这些皮革用品最大的特点就是都在网上销售，即通过淘宝这一电子商务平台进行销售。既然这些皮革用品能在网上销售，那为什么图书就不能呢？这一想法坚定了杨志明的信念，他觉得图书行业并不是没有发展空间和前途，而是大家没有另辟蹊径地找到发展之路。

2010 年，是电子商务开始走进普通人生活中的一年，淘宝上的卖家与日俱增，客户市场也随着电子商务的发展而日益膨胀。当听说人们已经不再逛街而是逛淘宝的时候，杨志明更加清楚地在电子商务的身上看到了未来图书行业发展的趋势。

于是，杨志明带着他在餐饮行业的十名“伙夫”一头扎进了图书这个前途未卜的领域。他甚至大胆地向出版社喊出“把你们的书都交给我，我去网上帮你们卖”的口号。

让人惊讶的是，从传统餐饮行业一头扎进图书电子商务行业的杨志明并没有碰壁，他反而创造出了图书行业的一个奇迹——短短的两年时间，英特华从天猫一家店一下子扩展到了 26 家店，销售额从 100 万增长到了几个亿。英特华华丽蜕变了！

一家从事餐饮行业的传统企业，在两年的时间里成功转型，成为一家电子商务公司，这不得不说是一场华丽的蜕变。而在这蜕变的背后，是杨志明敏锐的眼光和出格的逆向思维在起作用。梦想的实践来自坚定的信念和不懈的努力，英特华的华丽转身正是杨志明对自己选择和坚持的最好证明。

对杨志明来说，他并不懂电子商务，他甚至连邮件都不会发，也从来没有在网上购买过东西。一个不懂电子商务的人，却将电子商务玩得风生水起，杨志明觉得，是他的电商思维在其中起了莫大的作用。

曾有人问过杨志明：互联网行业不断发展，创新力已经成为互联网行业最重要的竞争力，更是评判一个行业能否保持活力的重要指标。在图书电子商务领域，目前国内电商卓越、京东、当当占有了绝对的优势，那英特华凭着什么能在这样的市场占据一席之地呢?

杨志明的回答是：“是电商思维。”

杨志明的电商思维，就是积极的互动思维。

在一次论坛上，杨志明刚上台就和来宾们做了个小游戏，他说：“我的钱包里面有 1000 块钱，各位有没有人能拿几块钱把它换走？”

结果，来宾们都愣住了，大家并没有弄懂交换的规则。

只有一位来宾迅速举起手。

杨志明感谢了他的积极参与，然后询问对方这样做的内心原因，对方诚恳地说道：“我觉得，需要互动，一个人都不动，好像太不礼貌了！”

的确，杨志明所提倡和依赖的思维，正是“互动”。在他看来，互联网的机会，就像他口袋中的 1000 元，面对这样的机会，你想得越多，错失的机会也就越多，而只有迅速地互动起来，才能在行动中克服思维和理念上的障碍。

换言之，只有先动起来，才能在实践中不断坚定行动信念、寻找正确方向。

杨志明觉得，英特华和电商巨头的区别在于，电商巨头们在建设鱼塘，英特华则需要想办法在这些鱼塘里打鱼，建立起这样的互动，才能够融入互联网时代的电商潮流。也就是说，淘宝、京东、卓越、当当网是在搭平台，英特华则是在利用平台去行动。靠着平台的力量，英特华能够迅速地聚集资源，寻找客户，准确营销。这就是共生共赢，借池捞鱼的电商思维。

杨志明也知道，英特华暂时还不能跟电商巨头们相抗衡，那样只会是以卵击石。英特华已经华丽蜕变，只要有强大的团队，早晚有一天，英特华会成长为行业巨头。每个企业的核心竞争力是团队的学习力，一家企业发展的规模有多大，就要看这家企业的团队能学到多少东西。蜕变后的英特华在杨志明的带领下，正迅速扩充地盘，将基地不断扩大，规划着拿下“北上广”的发展宏图。

基地的建立

一家企业的发展前景有多么大，并不是看当下的规模有多么大，人员有多少，而是看其未来的规划布局合不合理。拥有前卫电商思维的杨志明深深明白这一点，他知道，英特华未来的发展不能只限于北京，电商未来的发展形势将会更加严峻，要想在电商的红海中博取生存空间，就必须合理地布局未来的发展，前瞻性地看到电商未来的竞争力所在。

随着国内电商经济的迅速发展，涉足电商的企业越来越多，与电商休戚相关的物流仓储环节成为制约电商发展的关键因素。一家电商企业，如果不懂得布局基地，不懂得提升物流体验，其发展必定遭遇瓶颈。

国内的电商巨头，如京东、亚马逊、苏宁易购等，都在积极建设自身的物流体系。因为电子商务的发展，除了信息流之外，另一个很重要的组成部分就是物流，通过建立大规模的仓储基地和全国化的配送能力，来提升用户的体验、降低成本、提高产业的效率。每一家电商企业，要想在未来的发展中赢得一席之地，物流基地的建设刻不容缓。

杨志明明白，物流基地的布局和建设是关系英特华发展的关键因素。只有扩展地域分布，加快物流供应，才能有机会做强做大。而只有得“北上广”，才能得天下。所以，杨志明在英特华华丽蜕变后，非常睿智地布局了英特华的物流基地。

首先，北京是英特华发展的大本营。2011 年 1 月，英特华在海淀图书城建立 2000 平方米的中国图书库联网基地，这为英特华的发展奠定了基础。北京是电商发展的重地，占据北京，可以辐射到东北、华北，甚至是西北地区。中国大陆北方地区的物流发展主要依靠着北京这个大本营。

其次，杨志明布局了上海的基地。为了解决上海基地的高成本问题，杨志明创造性地选择了安徽作为整个华中地区的物流基地。一方面，安徽靠近上海，不但能够保证上海的物流速度，还能辐射整个华中地区，可以为英特华的发展提供强有力的物流支持；另一方面，安徽的仓储成本等与上海相比，要低得多。在杨志明的眼里，中华大地处处都是宝地，选择安徽，这是英特华未来发展的正确抉择。

至于广东，英特华基地正在布局当中。杨志明相信，英特华的电商基因一定能够帮助英特华团队乘风破浪，夺取市场份额，不断发展壮大。

企业团队大举扩张

企业的发展，其实就是人的发展。一家极具竞争力的企业，必然离不开人才和管理。对企业管理之道颇有研究的杨志明说过这样一句话:“找人不同于买菜，人才是事业之本，是企业发展的生命线。”确实，对每一家企业来说，人才是事业发展之本。企业把握住了人才的发展，才能把握住企业的发展。

英特华在发展之初，也面临过人才发展困局。但是凭着杨志明从餐饮行业带出来的十个“伙夫”及杨志明的用人策略，在短短的几年间，英特华的企业团队大举扩展，从原来的区区 10 人成长到了现如今的 500 多人，人数翻了数十倍。如何迅速召集和管理这个团队?

杨志明说：“我有一颗真诚的心。对于看上的人才，我用我的诚心诚意去引爆他们心中的梦想。”他给自己的用人策略做了总结，那就是：第一，是诚心诚意的感召。第二，格局要大。要有大的梦想，在我的梦想里头一定要有他的梦想，一起同行。第三，放大人才的长处，不要盯着他的弱项。合适的人用在合适的岗位，去包容人才的个性化的性格。

像每一个企业家一样，杨志明在对人才的感召上有着深刻的体会。在创业初期，一家企业寻找合适的人才是非常困难的，面对新来的员工，每个企业家必须要解决很多信任的问题。

在企业内部做事情，事情是死的，人是活的，事情要靠人来做。人在先，事情在后。在英特华的发展初期，人手非常缺，杨志明为了寻找合适的人才，他想了很多办法。他先想到了自己的一个发小曹琪忠，这个曹琪忠跟他是穿开裆裤一起玩大的，也在北京。曹琪忠有过非常辉煌的业绩，他推动了两家医药公司的上市。在转战电商行业的杨志明眼里，曹琪忠是一个非常有能耐的人，这样一个有能耐的人，如何才能将他感召过来呢?

杨志明约见了曹琪忠。从小一起长大的朋友，见面了自然非常亲热，话也非常多。杨志明并没有直接说出自己的想法，他先给曹琪忠讲电子商务未来的发展趋势，讲电子商务未来巨大的发展空间。讲到最后，杨志明说出了自己的想法，他对曹琪忠说："与其给别人打工，你还不如和我一起做点事情呢。"曹琪忠听了之后给了杨志明非常直接的回答，他说："老杨，平时你企业发展有什么问题，随时打电话我都可以做沟通，来给你帮忙，员工培训也可以搞。但是我要过去就不太现实了；第一，你养不起我，第二，我对现在的工作非常自豪，根本没有出去的想法。"

杨志明有些失落。不过他转念一想，自己正处在创业期，别人放着优厚的工作条件不享受，凭什么要跟着你到这个地方来冒险呢？想到这儿，杨志明心里轻松了不少。他觉得，只要有诚心，一定能够请到人才的。

于是杨志明又找到一个专门为上市公司做品牌规划的陈姓同学。这个同学在杨志明的眼里同样是非常有能耐的人，如果能请到这个人加入自己的团队，那英特华未来的发展就会非常有动力。杨志明找到这位同学，对他说：“陈总，电子商务是未来发展的趋势，成长空间非常大。我们一起做电子商务吧……”这位同学给杨志明的回答同曹琪忠一样：帮忙可以，放弃工作一起做绝对不行。杨志明第二次碰壁，他没有想到感召一位合适的人才这么困难。

但是，没有人才英特华的发展只能是一句空谈。杨志明没有来得及失落，他又想起了自己大学时候的老师。他马不停蹄地来到自己曾经就读过的大学，找到了曾经的老师。这位老师已经在一所大学当常务院长了，杨志明见到老师后就说，他要做一个人才的孵化基地，要自己建自己的企业商学院，他想请老师当企业商学院的院长，并愿意把公司的股份分一部分给这位老师。老师听完杨志明的描述后，果断地拒绝了。

杨志明的头上再次被泼了一盆冷水。他没有想到人才这么难找，为什么老师会拒绝自己呢？他不死心，他决定采取“熬”的战术。此后，每隔一段时间，杨志明就请那些人过来吃一顿饭，他既不向这些人咨询业务知识，也不游说他们过来跟自己一起干，而是有意无意地向这些人汇报自己企业发展的情况和数据。

杨志明非常用心地把每次汇报的数据都记录下来，等到第二次向这些人汇报企业发展的时候，他就会把上次汇报的记录拿出来，并向这些人讲述自己未来几个月将要做什么。在每次的汇报中，杨志明和这些被请来吃饭的人都发现了一个情况，就是杨志明每次汇报的情况都超越了他上次汇报的预期增长速度。

终于有一天，一位被请来吃饭的朋友“崩溃”了。所谓“崩溃”，就是他终于看到了英特华的发展空间，看到了英特华美好的未来。他当即向杨志明提出要拿4900万元入股英特华，换取英特华49%的股份。并且，不管英特华的平台是不是负债，他都愿意加入。如此毅然决然的入股请求倒让杨志明不知所措了，他没有想到自己的努力能换来这么大的惊喜。

朋友拿出4900万元入股，这就意味着在朋友的眼里，英特华这个电商平台的价值已经远超一个亿了，在未来，电商这个行业蕴藏着巨大的商业价值。杨志明清楚地知道，英特华电商平台的年度销售额才刚刚达到8000万元左右。很显然，朋友看重的并不是英特华现在的成绩，而是英特华的未来。

看到英特华有如此的吸引力，杨志明决定乘胜追击，多拉几个人才进来。而他采取的手段，则非常巧妙。英特华的年会上，杨志明请来了众多朋友及他们的家属，他专门瞄准了这些朋友的妻子，开始以真诚游说。杨志明说：“我们都是同龄人，快要奔四了，过了40岁我们就没有创业的勇气和动力了，趁着我们离40岁还有几年时间，我们一定可以闯一闯，而且现在这个时代特别好，在电子商务领域我们能做很多的事情……”

果不其然，第二年的春节一过，几位高管就在妻子的鼓动下加入了英特华的发展队伍。英特华的运营长、战略官、商学院的院长，都是在杨志明的感召下加入进来的，他们各理一块，成就了英特华如今500多人的队伍。这个庞大的队伍，也正是英特华营业额过亿的基石。

营业额是怎么过亿的

对于一家企业来说，赢利是首要目的，强大的赢利能力是企业持续发展的动力。但是对很多企业来说，赢利并不是一件轻松的事情。每位创业的老板都想着自己的企业能在短时间内营业额翻倍，利润翻倍，但是现实却沉痛地告诉他们，营业额的增长并不是那么容易。

现实表明，“设定一个目标，然后从零做起去不断接近目标”这样的传统经营思维，已经不适合今天的互联网电商。杨志明提出，打造新时代的英特华，就要有属于新时代的“倒逼型”思维方式。

那么，什么才是“倒逼型”的思维方式？杨志明用亲身经历举过例子：

普通人赶飞机，最多只是留出安检的时间，然后提前到达机场。而杨志明坐飞机并非如此，他会提前留出过高速公路收费站的时间、安检的时间，然后再考虑路程所花的时间，最后告诉司机，需要用多快的速度驾驶。

每次用这样的方法，杨志明几乎都能轻松地提前到达机场。

如此浅显的例子说明，先设定一个目标，然后根据目标去倒推方法与步骤，这种反常规的“倒逼”思维的确是大显身手。正如杨志明所说：“采取老思维，你只能获得老结果，而采用新的‘倒逼’思维，你将实现新结果。”

对杨志明来说，产生这种思维的现实来源是残酷的。既然从餐饮行业转行到了图书电商行业，就必须在图书营业额的增长上面下苦功夫，也就必须把结果放在最前面。从 2010 年开始，图书行业的营业额一直在走下坡路，图书商家要想保持营业额稳定都难，更别说实现增长了，但是杨志明却用电商模式打破了这一境况。英特华的成就说明：图书行业的营业额不是不能增长，只要找对了方法，营业额过亿也并非不可能。

在短短的两年时间里，英特华的营业额是让图书行业的商家眼红的。为什么英特华两年内就能实现营业额过亿的奇迹?

杨志明这样解释：第一，借鱼塘打鱼的模式让英特华少走弯路，营业额能够实现突飞猛进的增长；第二，在电商的“倒逼”思维基础上产生了种种良好的运营模式，如开门模式、打劫模式、颠覆模式等，让英特华能够突破行业旧有思维，实现营业额的逆市增长；第三，强大的团队力量。

首先，英特华将营业额设定在过亿，有了这样的目标，他们就必须要为这样的结果找到平台。如此，天猫等电商平台被引入英特华的战略眼界中就一点儿都不奇怪了。国内电商巨头为诸多电商商户构建了良好的平台，并引流了强大的客户群。如果将这些平台比作池塘，那用户就是池中的鱼儿。英特华做的就是直接在池中捞鱼的工作。作为刚刚发展的电商企业，利用现有的平台发展自身，这无疑是杨志明高人一筹的布局。

其次，互联网模式让英特华营业额突飞猛进。英特华利用开门模式、打劫模式等“勾住”了客户，轻松博得大批客户流量，而英特华独特的转化方法又提高了客户流量的转化率，营业额势必增长。

最后，强大的团队是英特华营业额高速增长的有力支撑。英特华人知道，先树立目标，再用目标去推动团队的建设，团队就始终处在发展的高速期，整个团队士气高昂，战斗力非常强。

没有“倒逼”式的思维，英特华不可能做到在数年内布局几个亿——即使最开始时杨志明手头几乎什么都没有，但有了这样的思维，他们依然做到了。

当然，倒逼式运营思维，也同样需要科学的设计。在2013年年终英特华的年会上，团队激情地提出了在2014年营业额超10亿元的目标，但作为领航者的杨志明敏锐地感觉到了企业高速发展背后的隐忧，所以提出“营业额不低于3亿元，不高于5亿元”的目标。正如杨志明所说，对于营业额的高速增长，英特华是有信心的，不过，这种信心必然要建立在机构的承受基础之上。只有机构的扩展足以支撑更高营业额的增长，英特华的突飞猛进才是健康而良性的。

机构扩展：七家子公司与三十余家专营店的成立

英特华作为一个新兴的企业，不会将愿景简单停留在获取更多眼前利润上，而营业额的不断提升，则带给英特华更大的扩展动力。成立三年以来，在杨志明等一班高管锐意创新、砥砺前行的领导下，通过扩展机构、做大企业实体，成功地完成了图书电子商务向综合电子商务的转型。

在天猫、亚马逊等电商平台，英特华集团已经打造出了多家图书专营店，其数量从最初的一家发展到目前的三十多家。这些专营店并不一定全都冠名为“英特华”，其中不少都是通过对原来的中小型电商营销公司的收购、合并而发展为英特华的专营店。因此，英特华公司获得的不仅仅是专营店在数字上的扩大，同时也获取了这些专营店带来的市场份额、忠诚客户和营销品类的专业经验。

值得注意的是，图书行业营销体系中分类细、产品多的特点，在英特华的专营店队伍中体现得也相当充分。这些专营店各自有着不同市场定位，其产品为不同的社会人群所“量身提供”。例如，有专门的公务员考试书店、专门的时尚女性书店、专门的养生保健书店、专门的孕婴护理书店……正是因为对三十多家专营店从一开始就有科学的定位和分工，在整体营销上，就大大提高了营销精准度和效率，也避免了公司营销体系因为内部竞争而带来的资源损耗。

在做大营销终端渠道的同时，英特华集团自身也在利用资本运作扩大企业的规模，朝着更多行业领域进军，同时也在实现着不停歇的自我提升。

目前，英特华旗下已经有七家公司，整个企业已经从最初的单纯图书营销性质的公司，发展成为由七家子公司组成的集团公司。

英特华集团由英特嘉华电子商务公司、英特尚华咨询公司、英特泰华教育公司、英特华产品研究院、英特华仓储公司、英特华科技公司、英特华文化公司七家公司组成：

英特嘉华电子商务公司的标准色为象征“激情”的红色；

英特尚华咨询公司的标准色为象征“分享”的橙色；

英特泰华教育公司的标准色为象征“阳光”的黄色；

英特华产品研究院的标准色为象征“生命”的绿色；

英特华仓储公司的标准色为象征“稳健”的青色；

英特华科技公司的标准色为象征“深邃”的蓝色；

英特华文化公司的标准色为象征“博学”的紫色。

英特华集团七家公司的红、橙、黄、绿、青、蓝、紫共同组成彩虹的七种颜色，象征着英特华集团勇于面对商海风雨的魄力和必见彩虹的决心。

英特华集团的发展哲学是“以人为本”，所以集团标志由七个人的抽象符号按照“北斗七星”的位置站位，传达出相互支持、相互呼应、独立提升自身竞争力的理念。而英特华这三年来从十余名员工到五百余名员工、从三十多家专营店到七家子公司的迅速发展，也成为英特华人从上到下团结努力、创造佳绩的有力见证。

扩展中的英特华电商俱乐部

今天的英特华，以其正在扩展中的电商俱乐部为代表，掀起了一次次经营模式上的革命。

这样的革命，并不完全意味着颠覆和重建，相反，和几乎所有成功的互联网企业一样，英特华革命的成功，意味着对“顺势而为”原则的践行。

杨志明很相信马云的一句话：“这是互联网的时代，已经不再属于李嘉诚了。”的确，李嘉诚的那个时代几乎因其成功而成为传说，但毕竟已经成为过去。无论是阿里巴巴还是腾讯，他们的成功都不见得比李嘉诚更伟大、更传奇，但他们抓住了时代的“势”，而成就了企业的崛起。同样，杨志明也有足够的理由和信心认定，正在扩展中的英特华电商俱乐部，也将抓住属于整个时代的趋势。

2013 年，中国电子商务市场的交易总额为 6.25 万亿元，同比增长高达 27%。这说明越来越多的企业在这个新兴市场中制订策略，而未来电子商务的发展将会围绕品牌在互联网上的推行而加快。这种趋势，将会同时顺应和引发消费者购物习惯的改变，并伴随网络竞争的格局而变化。可见，传统企业通过电子商务企业进行升级和发展，是必然的趋势，越来越多的传统企业将成为过去看起来遥不可及的“电商”。

然而，据统计，中国电子商务企业的成功率不到20%，这个数字显示出了电子商务行业竞争的残酷性。但另一个数字则显示出电子商务的诱惑性：每年，这个行业都创造出了数十万亿的市场份额，创造出了一个又一个如英特华集团这样产值过亿的品牌和企业。这又说明，电子商务行业更是充满商机和回报的。

在诸多成功的电子商务企业中，英特华虽不是目前营销额最大、利润最多的，但其成长速度不可小觑。在杨志明的带领下，这家集团几乎白手起家进入图书行业，渡过了发展期间的困境，成功地从线下传统的图书企业发展成为线上的电子商务企业。而为了将这样的经验和模式进行推广，今天的英特华集团将致力于提供一站式、全方位的电商服务，为了做好服务。英特华成立了“英特华电商俱乐部”，致力于帮助传统企业创造更多线上利益，带动线上线下的共同繁荣。

在“电商俱乐部”成立之初，杨志明就定下目标，要在2016年12月31日之前，用这样的俱乐部平台，培养出500位老板，1000位总经理。为此，英特华也要跟随“电商俱乐部”的运营，将企业变成学校化的教育培训平台，让领导成为导师化的行业带头人。

为此，“电商俱乐部”每一期都邀请对电商行业及商业模式非常精通的专家教授作为讲师，对前来参加六日六夜俱乐部活动的企业领导进行充分的培训。在这种高密度、高信息量的培训过程中，不同行业的企业领导才能够把握住电商发展的方向，明确自家企业转型的方式。

在这些培训课程中，专家所提供的课程内容集中于那些真正能够让企业实际操作的实战型电子商务，并提供帮助企业脱离困境的操作手段，从而有效地解决企业网络营销瓶颈问题，并预防企业在电子商务平台经营中利润率的起伏不定。

例如，在“电商俱乐部”第二期的课程中，英特华邀请来著名的网络营销专家所志国先生。所志国先生已经在品牌策划、电子商务、网络营销等领域中从事研究和实战长达14年，也是中国目前唯一能够同时深刻传授讲解电子商务、网络营销、软文营销等三大课程的实战型大师。他的课程中，以“电子商务三部曲”向众多企业家传授了从战略到营销，再到应对竞争的知识和方法。其中，在战略层面，所志国先生介绍了电子商务发展的现状和趋势、不同的失败原因、应有的清晰思路，并指导企业如何进行电子商务的准备工作、如何解决电子商务的人才储备问题和如何制订科学的战略发展目标。在市场营销内容中，则具体指导企业通过不同的电商平台，搭建具体的电子商务营销渠道。而在应对竞争内容中，则教会企业家如何面对电子商务战争，并从竞争者的围追堵截中脱身而出、一马当先。

事实上，在“电商俱乐部”的课程中，所志国先生这样深入浅出的高价值课程并不少见。通过这些课程，许多企业了解到原先并不清楚的事实：公司是否适合做电子商务？是否面对较大风险、有多大胜算？到底应该从何种平台开始着手布局？应该投入多大的成本、多久可以获利？

不仅如此，企业还能够了解到更多具体的操作方法，包括如何提高企业产品的利润率、如何扩张产品的销售渠道、如何面对市场上的恶意竞争并打造知名电商品牌等等。

通过“电商俱乐部”的课程，企业家能够从零起步了解如何从传统企业起步杀入这个未知的领域。可以说，这正是英特华集团为他们带来的价值机会和丰厚资源。

当然，“电商俱乐部”本身也是英特华集团经营模式的扩展。

众所周知，英特华从原有的一家店到目前的三十多家店，从天猫到京东、卓越亚马逊、1号店等中国目前的顶级电商平台，始终在利用“借鱼塘养鱼”的模式进行发展。但接下来，英特华将会从“借鱼塘养鱼”的模式向“建鱼塘借鱼”的模式转变。按照杨志明的规划，英特华将把更多的精力集中到打造自己的电商平台上。无疑，英特华初期发展异常迅猛的速度需要保持下去，利用这种成长变化的高速节奏，才能让企业跟上时代经济的新趋势。为此，英特华自身也需要通过“电商俱乐部”来获得更多的合作资源，从而保持其高速的发展节奏。

无论是对于整个行业，还是对于企业自身，“电商俱乐部”都是一面高高飘扬的旗帜，在这面旗帜下，英特华将提供一站式的全方位电商服务，并以此为己任，打造出中国电商的“黄埔军校”。相信英特华的“电商俱乐部”能够更好地应对全球化浪潮下在电商领域中出现的轮番挑战，成为推动行业发展的领军人。

第二章

传统行业里不安分的书店

赚钱很重要

1997 年的某天，北京火车站人头攒动，在人群中，一位毫不起眼的年轻人，正面带好奇的神色打量着这座陌生的城市。

这个年轻人就是后来英特华集团的创始人——杨志明。

这一年，他第一次见到火车、第一次来到北京。而当他亲眼看到这座古老而年轻的都市时，震撼感俘获了他：这才是外面的世界！这里文明、发达，有着自己从未见过的种种景象，能够带给自己的人生更多的精彩。而自己想要留在这里，不能不赚钱。

在 1997 年之前的二十年中，杨志明几乎从没有考虑过赚钱。他的视野范围始终只停留在中国偌大版图上的区区一点上：自幼出生在安徽某县的落后农村地区，在这个教育资源缺乏的小村子里，他从小就没有对学校教育表现出多大的兴趣，同样也没有太大的考试天赋。

读到初中时，家人看着杨志明的成绩直摇头，父亲掐灭了手中的香烟，叹了口气说："明天让你妈准备条大鱼送给班主任，你就不要念书了。"

很快，杨志明真的就停止了他的初中学业。然而，务农的日子并不比上学轻松和简单。于是家人为他花钱、找关系，四处奔波……一年后，杨志明又被家人送进了县城里最好的高中。

朴实的父母相信，在这个新的环境中，杨志明能够猛醒，通过刻苦学习来改变未来。但是，少年懵懂的杨志明再一次让他们失望了——由于高考的失利，他和重点大学失之交臂，而是考到北京一家名不见经传的民办大专，学习财会专业。

即便如此，杨志明也成为了整个村子的骄傲——他是村子里第一个来到北京的人。甚至是村庄中最年长的长辈费力地回忆，也想不到之前还有谁千里迢迢去过北方那座传说中的首都。

从父母骄傲的笑脸中，杨志明读到了他们殷切的希望，而这样的希望，也埋藏进他少不更事的心中，并成为日后持续奋斗努力的种子。他暗暗下定决心，虽然自己的学习成绩谈不上优异，但在北京这座更大的“大学”中，自己一定会取得好成绩。这样的成绩，就要靠赚钱、赚钱、再赚钱来证明，他必须努力！必须进取！一定不能不辜负父母和乡亲们！

正如许多传奇的开头一样，青春期的男孩明白事理只在某一个瞬间。从安徽来到北京，对杨志明而言，不仅意味着地理空间的大跨越，更代表着人生追求目标的一次大改变。

若干年后，当杨志明回忆起自己的大专生涯时，让他感到欣慰和骄傲的并非自己在学校的成绩，而是那些年只拿过家里一次生活费。

事实上，当时杨志明的家庭，的确也难以承担孩子学费之外的生活开支。

毕竟，父母年纪越来越大，家庭收入虽然在村子里还算不错，但想要在北京这样的城市生活、奋斗，又怎么能依赖他们呢?

杨志明决定，所有的努力和进取，都要变成眼前最现实的问题：我要赚钱!

很快，大一新生杨志明走上了他的赚钱之路。在设想了种种赚钱的途径之后,杨志明苦恼地发现,自己辛苦从生活费中节省下来的“资本”,实在做不了什么大的生意,无奈之下,杨志明灵机一动,想到了卖明信片。

1997 年，正是美国好莱坞大片席卷中国没多久的时候，从《真实的谎言》到《空军一号》，从《泰坦尼克号》到《变脸》，这些中国年轻人几乎未曾接触过的银幕故事，打动着他们不安的心灵。随之而来的，是衍生产品在市场上掀起的销售热潮，文化衫、时尚表、印花信纸、铅笔橡皮、拼图玩具、人偶模型，等等，到处都有相关电影的影子。

而杨志明则发现，自己手中的那点“资本”，完全买得起一种和电影相关的文化产品——明信片。

杨志明毫不犹豫，说干就干。他没有和任何人商量，就从市场上买来许多和电影有关的主题明信片。他决定，把一盒十张的明信片拆开，一张卖一元钱，拿到食堂里去叫卖。结果，销售情况比他想象的要好得多，一周不到的时间里，杨志明就赚到了四五百块，从第二天开始，食堂里竟然出现了跟风销售明信片的竞争者。

夜深了，寝室里传来同学们轻微的鼾声，而杨志明依然为自己的第一次成功尝试夜不能寐。他看着天花板上窗外投来的树枝影子，默默地盘算着下一步的计划。

杨志明想，数百元，已经超过了自己一个月的生活费。年过半百的父母和乡亲们，在村子里面朝黄土背朝天，一个月都难以挣到这个数字，而自己只是看准了时机、挑对了位置，就这样轻松地得到了难以想象的收入。

黑暗中，杨志明暗自做出决定：赚钱是件好事情，是件大事情。或许自己没有其他人的家庭背景，或许没有其他人的学习成绩，但想要真正成为家里的顶梁柱，不辜负村子里乡亲们的期望，就一定要学会赚钱，学会在北京活得更好，混出人样！

没想到，杨志明的决定，很快受到了来自父母的“挑战”。

大二那年，当其他同学开始打算好好规划下毕业后的求职蓝图时，杨志明接到了来自家乡的电话。

电话那头，是母亲熟悉的声音：“明儿，你念书努力不？身体怎么样？要多吃点……”

杨志明连连点头，让母亲放心。

“你爸让我告诉你个好消息，他担心你以后找不到工作，已经花了好大的劲儿，托人和县里的领导走好了关系。明年一毕业，你就能回县里的统计局上班，听说每个月有 1800 块钱呢！”

听着电话中母亲压抑不住的喜悦，杨志明却皱起了眉头，但很快又明白了。在父母看来，自己大概还是高中时那个带着顽劣天性的少年吧。他清了清嗓子，试探着对母亲说：“妈，我觉得北京很好，机会很多。我在这里也很好，我不想回去上班。我以后还要把你们都接到北京来住！”

“那怎么行？”母亲的声音提高了，“你爸费了多少心思才找到的这个关系，你说不回来就不回来了？”

“这个……”杨志明一时语塞，迟疑了一下，他还是给出了否定的答案。

母亲什么也没说，不高兴地挂断了电话。这一头，杨志明开始思索，究竟要找什么样的借口，才能让家人同意自己的选择，毕竟，留在北京只是目前自己的一厢情愿，事实上，以自己这样的学历，想要在北京做一番大事恐怕很难。

谁也没有想到，杨志明为了找借口不回家乡，却在冥冥中打开了自己人生的一扇门。

那是通向英特华的大门，那是通向更多财富、希望和成功的大门。

“复制”赚得第一桶金

打开杨志明赚钱大门的机会，是复制。

虽然复制这一行为本身并没有太多技术含量，但如何找到复制的来源、如何确定复制的渠道、如何将复制行为变成财富的获取……如此种种，对一个人的能力有着相当程度的考验。

杨志明的复制，是从拒绝对他人的盲目复制开始的。

为了坚定自己的信念，没多久，杨志明就搬离了学校宿舍。他暗自下定决心：对北京而言，自己不是一个匆匆的过客，而是叩响大门的访者；对自己而言，北京并非留下青春记忆的别处，而是未来能容纳梦想的舞台。

走出狭窄的校园，杨志明感觉空气似乎都变得不一样，广阔的社会豁然拉开大幕展现在他眼前。当时，他租住的是学校附近的一间小平房，只有 12 平方米左右，房间里放着一张床、一个小桌子，做饭的液化气灶则只能放在门口……这样的环境，在当时只要 150 元的月租，而在杨志明的眼中，却象征着自己来之不易的奋斗起点。

搬离了学校，并不代表中断了学习。恰恰相反，杨志明想到，自己在电话里半赌气、半认真地告诉母亲要留在北京，而眼下他能想到的唯一途径，就是毕业以后继续在北京上学。

杨志明决定，将希望寄托在自考上——考人民大学的专升本。

他很快把这个决定通过电话告诉了家人，父母此时似乎已经默认了孩子的选择，倒也没有多加劝阻，毕竟，孩子想要上学，这的确算是一个“冠冕堂皇”的理由。

说出去的话如同泼出去的水，个性认真倔强的杨志明认准了这个道理。一旦他做出决定，行动就会比谁都迅速。打完这个电话，他就开始着手准备自考。

在校门口的自考书店里，杨志明认真地翻阅和比较着一本本英语自考辅导书籍。他从小害怕英语，每逢考试，英语选择题的答案总是按照笔倒下的方向来进行“选择”。现在，杨志明打算从头开始。

挑了几本书，付钱的时候，杨志明随口问了句：“老板，您这儿有前几年自考的英语试卷吗？”

杨志明想的是，自己英语基础不好，如果能够参考前些年的试卷，应试的经验也能充分一点。

老板忙着计算价格，眼睛都不抬地说：“试卷我这儿没有。你得到皂君庙那儿的一家自考班买。全北京就那儿有以前的试卷。”

杨志明谢了老板，立刻动身前往皂君庙。

从学校到皂君庙，公交车坐了一个多小时，好不容易才找到那家自考班。不过，当杨志明高兴地用1元钱买到去年的英语试卷时，觉得这样的辛苦还是值得的。

在回去的公交车上，杨志明翻来覆去地看着手中来之不易的试卷，上面的题目让他云里雾里。但另一个事实却逐渐清晰——看书店老板的样子，似乎很多人都打听过试卷的事；再看自考班出售试卷的员工，也是见惯了这种横穿北京城来花 1 块钱买试卷的学子。

杨志明想：如果我有这样的需求，那么，北京城千千万万想要通过自考改变命运的年轻人，不是都有这样的需求吗？如果我能将试卷送到他们面前呢？如果我能够满足他们的需求，让他们不必坐上数小时的公交车就拿到试卷呢？

杨志明很确定，机会就在眼前。下车以后，他立刻来到离车站最近的复印店，打听了复印这张试卷的价格，五角钱的答案让他多少有点失望。但热情的复印店老板给了他新的提示：去印刷厂吧，那儿批量印刷，价格会便宜得多。

第二天，杨志明开始在北京城里面坐着公交车转悠，只要发现有印刷厂就下车，然后直截了当地进去打听价格。几家跑下来，他发现，北京印刷试卷的报价都差不多，在 1 毛 5 分钱左右。

按说，这个价格已经相当低了，但较真的杨志明相信自己还能找到更低的价格。杨志明接着跑了几家，他打听到，在廊坊，印刷成本更加便宜。

为了验证这个消息，杨志明又从北京坐大巴到了廊坊，一打听价格，的确比北京的还要低——不到 1 毛钱一张！于是，他这才确信，自己的试卷“生意”做得起来。

不过，搞定了目标渠道和成本价格，并不代表钱就能赚到手。杨志明面临着新的问题：资金。按女友的建议，杨志明本来可以打电话向家里要钱，但是他想到自己没听父母的话回家乡上班，就狠下一条心，绝不向家里伸手。女友也很理解他，两个人便到处东拼西凑地和朋友、同学借钱。

杨志明虽然来自安徽农村，学习成绩也不优秀，但他平时人缘好、正直仗义，所以没多久，他就从同学那里借到了 2800 元钱。在 1998 年，这笔钱对于大二学生来说，已经是不小的一笔“财产”了。女朋友不放心，硬是要杨志明找一个同学，陪着去廊坊货比三家。

再次来到廊坊东安庄，透过大巴车的窗户可以看见，大大小小的印刷厂果然一家连着一家，杨志明恨不得马上就下车去订货。同学提醒他说，天已经快黑了，看样子很快就会下雪，估计厂里管事的都下班了，还是先找个地方住吧。

两个人住到村子里唯一的一家旅店里。老板娘是个朴实的老太太，年轻的时候守寡，一直靠着开小旅馆养活自己。杨志明和同学住进这里的大屋子，里面有五张床，每张床住一晚上五元。细心的杨志明打量着整个屋子，发现角落里放着一面老旧的大镜子，于是摸出钱包，藏到镜子后面。他担心的是万一晚上房间里再住进其他人。

幸好，这天晚上大雪纷飞，除了他俩，旅店里没有其他住客。但第二天杨志明去镜子后面拿钱的时候，却吓出了冷汗，原先放置妥当的钱包，已经不在了！同学也吓得不轻，两个人趴在镜子旁边的地上滚了一身灰，才从墙角摸到钱包。

经过这次有惊无险的小插曲，杨志明更看重这次的“订购”了。

好不容易敲定了印刷厂、谈妥了价格，杨志明带着用2800元印刷来的一大堆试卷，回到了北京。在小屋中，杨志明和女友面对着桌子上堆积如山的试卷犯了难：东西是全了，可是，怎样销售出去?

杨志明从来就相信一句话，“办法总比困难多”，他想了想，拨通了家里小妹的电话。小妹当时在家乡县城做护士，收入不高，工作却很辛苦。杨志明在电话里告诉她，自己要在北京发展了，现在缺人手，让她过来帮帮忙。

小妹一听说能到北京跟着哥哥混，当然开心地满口答应。没几天，小妹也加入到这个“创业团队”中。三个人在小屋子里将试卷分门别类整理好，把答案也同试题一一附上，杨志明还细心地发现，一些科目的试卷有两张纸，于是他便用胶水和剪刀细心地将其粘贴起来，变成一张试卷。

到了3月1日，正是自考报名的时候，三个人早早来到自考办旁的街道上。杨志明弄了张旧床单，铺在地砖上，然后又将十几个大信封剪成小条，分别套在不同科目的试卷上排列起来。这个小小的试卷摊点，在那些煎饼果子、煮玉米、水果摊点中，显得格外醒目。

若干年后，身为英特华集团董事长的杨志明是这样回忆当时的情景的。他说：“那时候，似乎城管还不是很严，我们的摊子刚摆出来，许多来报名的考生便把我们里三层外三层地围住了……”

从那一天开始，每卖出一份试卷，杨志明便获得从市场中打拼而来的一元钱。他和女友、妹妹分工合作，还请了个同学帮忙，就这样，整整一周的辛苦，很快伴随着自考报名的结束而进入了尾声。最后大家一盘点收入，眼睛都不由自主地瞪大了——这一周，他们在这个小地摊上总共赚到了 3.8 万元，这对于那时候的农村大学生而言，不啻于一个天文数字。

杨志明脑子转得很快，他马上确信自己的选择是正确的。他多少有些激动地对别人说道："你们看到了没，如果是回县里统计局上班，这一周已经等于我三年的收入了。留在北京，我相信我的选择不会错！"

另寻他路，增加附加值

试卷的销售大获成功，杨志明将其看作低成本、低价格带来的成功。不久之后，他还发掘出更多关于考试的产品。杨志明才慢慢发现，如果能够提供给客户更高的附加价值，那么，即使是面对涨价的产品，客户也会毫不犹豫地掏钱购买。

无论如何，此时的3.8万元是杨志明实实在在靠自己的脑子和双手，从市场里面挖到的第一桶金。手里握着厚厚的一沓钞票，杨志明开心地笑了。

忙完了这次“生意”，杨志明却耽误了考试，下一次自考报名，还要等到9月份。他“做生意”成功的消息很快传了出去，陆陆续续有认识的、不认识的同学，都跑来和他取经。杨志明那间简陋的小屋，干脆成了一帮男生胡吃海喝的地方。

多年以后，杨志明常常带着微笑，回忆起那个年代每个大学男生都可能经历过的场景：在局促的平房中，一帮男生围着酒精炉上的小黑锅，吃着自制的火锅。里面有两块钱买来的豆腐、六块钱一斤的羊肉，还有从菜市场门口农民那里砍了半天价提回来的老母鸡。酒自然也是少不了的，四斤桶装的二锅头，再加上两三包价格普通味道辣口的香烟……

每次这样的欢聚，都在热热闹闹中开始，在烟雾缭绕和醉意中结束。这种有酒有肉的日子过多了，弟兄们也开始主动请缨。有人在火锅边上提议说："老杨，你现在可是有钱人了，改革开放的精神是少数人先富裕，再带动大伙一起富裕。我们现在老吃你的喝你的，也不好意思啊，你得给我们也找点活干，是不是？"

话音未落，满屋子都是赞成的声音。

杨志明放下酒杯，心里不由一动，有了这帮兄弟的信任和支持，自己的确该继续闯一闯。

但是，往哪里闯呢？杨志明一时半会儿还找不到头绪。女朋友看他思考得辛苦，便有意提醒他，串讲班又在报名了。

所谓串讲班，就是自考教材的主编和北京城里有威望的名师，在考前进行的重点讲解，也有可能画出一些考试重点。不过，这种课程的学费是相当昂贵的，一般一下午就得100块钱左右，每个科目最起码要四个下午，这样下来，想要通过自学考试，至少要花费几千块钱。这样的价格，对于普通的学生来说是望而兴叹的，能参加的通常家境还算富裕。

放在以前，杨志明也不会考虑去这样的班报名，但现在不同了，银行账户里面有几万块，是个标准的"有钱人"。每天找哥们儿们一聚都不在话下，何况在学习上的投资？他很快报名参加了英语串讲班。

开课以后，杨志明早早地来到教室，挑了最接近讲台的位置坐下。

等老师开始讲课之后，杨志明便认真地做起笔记，聆听着一个个知识点。不过，由于基础太差，杨志明很快发现，自己吸收知识的速度根本跟不上讲台上飞一般的串讲。他再抬头看看周围，同学们都在埋头苦记，教室里除了老师娴熟正宗的英文口语，只有笔尖在纸张上唰唰记录的声音。

此情此景，突然触动了杨志明敏锐的神经。他想到，这些同学看起来都不是在校学生，绝大多数都是上班族，里面还不乏西装革履的人。他们能听到这样的课，为什么自己的同学们却听不到？说来说去，还不是缺乏渠道和金钱吗？

想到这里，杨志明的脑子就不在课堂上了，他开始琢磨怎样帮同学们搭建学习的渠道，然后从中赚取自己的“第二桶金”。直到老师宣布课间休息，他才回过神来，立刻找身后的同学借来笔记，打算补充其中的内容。

即使在抄笔记，杨志明的思维还是没停下，他一边抄写着自己并不理解的英语单词，一边想道：要是英语专业的学生能来听课，那么记下的笔记不是比自己抄来的更有质量、更为优秀？

很快，一个计划逐渐浮现成型。

第二天，杨志明没有去上课，他在学校食堂门前贴了个告示，上面用超大的字体写着“我出钱，你听课”六个大字，下面则是一行小字“有商业项目合作，我校英语专业感兴趣者请联系”，再后面则是杨志明留下的联系方式。

不出意料，陆陆续续就有一些陌生同学来到了杨志明的寝室。杨志明热情地接待了他们，几句话就让他们打消了疑惑和警惕。他说：“咱们都是同学，能合作。这样，我出学费，你去上串讲班，但有个条件，你听完课当天就要把笔记交给我。”

可以免费上课，对于这些希望尽早本科毕业的学生来说，简直是天上掉馅饼的好事情。很快，杨志明就联系好了几个英语专业的学生，并给他们报了名。

看到过程这么顺利，杨志明不禁有了更多的想法，他干脆贴出更多告示。很快，国际贸易专业、计算机专业、财会专业、金融专业、企业管理专业……一群群同学带着好奇心找到杨志明，然后又喜笑颜开地离开。

一个月后，杨志明就拿到了几百本来自不同专业的串讲班笔记。他立刻花钱请来不同专业的学生整理这些笔记——事实上，那个年头，电脑在大学寝室远远没有普及，如果拿出去排版，花费的成本又太高。于是，一本本“手抄本”就这样诞生了。并在“手抄本”的最后附上前两年的考试试卷。

一两周后，80 本整理清楚的“自考内部资料”，整整齐齐地放在杨志明小屋中的桌子上。

杨志明翻阅着这些脉络清楚的参考资料，就像抚摸着自己刚刚出生的孩子。他想了想，决定像复制试卷那样，复制这 80 本参考资料。

杨志明到厂家一核算，每本参考资料的印刷成本不到一块钱，又问了问同学的意见，便将价格定在了每本 10 元。

忙完这些事情，眼看着 9 月份的自考报名时间就要到了。9 月 1 日到 7 日，对于许多考生来说是他们考试生涯的开始，而对于杨志明而言，则是他创业征途上的一次新的考验。虽然对自己和朋友们的努力有充分的信心，但杨志明还是多多少少有些紧张：究竟自己能不能满足自考考生的需求？他们愿不愿意掏出这 10 块钱？

答案很快就揭晓了。这些后来被自考考生们亲切地称呼为“自考白皮书”的内部参考资料，因为抓住了客户的需求，把杨志明手头的数万元翻了十几倍，帮助他获得了 40 多万元的利润。

后来，成为中国图书电商行业新星的杨志明，运用此时所发轫的理论，走出了一条全新的商业模式之路。在群贤聚集的商业论坛上，他多次振聋发聩地提出：“这是一个‘吃饱了撑着’的时代，这是一个汤比肉贵的时代！你不仅仅在卖产品！只有卖产品的底蕴，卖产品的香气，卖产品的附加值，你的产品才能让别人尖叫，才能成为市场中不需要打价格战就能领先的佼佼者！”

自考办门口的对台戏

有了 80 本“自考内部资料”的原本，接下来的事就不再困难了。这一次，杨志明决定不再做简单的地摊主，而是搞起了“连锁经营”。他将平时和自己玩得最好的弟兄们召集起来，开始分配任务，打算借用“自考办”这个大舞台，好好唱一出市场营销的大戏。

为了让弟兄们有更大的动力，杨志明送给他们的头衔大得吓人——“区长”。在 20 世纪 90 年代末期，这样的“官职”对于那时还很单纯的大学生，有着相当大的吸引力。就在 8 月底的这次会议上，“连锁经营”的组织结构获得了确认，有人成为昌平区“区长”，有人成为通州区“区长”，有人成为海淀区“区长”……这些“区长”将会带队，从学校里面召集同学，加入到杨志明“自考白皮书”的销售事业中。

为了让“区长”们说话更有底气，事业更有吸引力，杨志明豪爽地开出了当时大学生兼职的最高日薪。那时候，学生们选择在外面干干发传单的零活，一天只有二三十块，而杨志明则毫不犹豫地让“区长”们直接开出百元日薪的优厚待遇。这样的待遇迅速吸引了一大批同学，“区长”们也陡然从“光杆司令”成为“兵将众多”的老板。

8月31日夜里，杨志明一宿没睡。在小平房中，他和女朋友忙着将近千本“自考白皮书”进行分类整理，为第二天的地摊销售做好准备。

第二天凌晨五点半，天色刚蒙蒙亮，小平房门前便挤满了人，“区长”们带着手下准时集合来了。只见他们每个人都背着大书包，一脸的兴奋和憧憬。杨志明挨个把书下发给他们，然后叮嘱好怎样坐车、怎样摆摊、怎样选择好地点、怎样叫卖，等等。最关键的，是杨志明告诉他们，必须要在每个区的自考办公室门前做生意，道理很简单，9月1日到7日，是整个北京自考报名的日子，在自考办门前卖资料，才能抓准用户人群取得最大的销售业绩。

直到最后一个“区长”的队伍离开小平房，杨志明终于舒了口气，他和女友相视而笑，充满自信地等待着晚上的好消息。

在期盼、喜悦和焦急中，黄昏终于到来了。如同放飞出去的鸽群一般，“区长”们带着队伍回来了，隔着老远，便能听见队伍中戏谑欢笑的声音。杨志明一听，就知道销售业绩相当好。

果然，“区长”们七嘴八舌地汇报，成绩出来了：带出去的书销售一空。

杨志明将款项收回来，然后挨个发了当天的薪水。此时，已经是晚上七八点了。他和女友又要开始一夜的忙碌，分装好明天要销售的“参考资料”。

虽然第一天的业绩很好，但杨志明知道，自己在小平房里面遥控指挥效果是不错，但想要把这种连锁经营模式做大，光靠遥控是不够的，必须亲自跑市场才能了解情况。

于是，杨志明租来一辆二手面包车，请来一位有驾照的同学当司机。第二天早晨发完资料，他就将备用的书装上面包车，匆忙上路了。

路上，忙碌了一宿的杨志明在车上打了个盹儿。每到一个地点，他都第一个跳下面包车，询问业务情况，计算销售数量，顺便对“区长”做出工作指导。通常，他会先从朝阳区到东城区，又从东城区到海淀区……这样一圈跑下来，等回到小屋时，也很快就要进入第二天的准备工作了。

一周很快就过去了。

这段日子，是杨志明创业以来最忙碌的时光，也是他最开心的时光。即使后来他成为年营业额数以亿计的英特华集团的老总，回忆起小平房时，脸上还是洋溢着创业青年般单纯而又满足的笑容。他说，最后一天晚上的感觉尤其难忘，当所有的同学告别离开后，他和女友坐在床边，把报纸铺开，将一天赚来的钞票倒在上面，也舍不得买点钞机，两个人不停地数啊数，数的不是钱，是自己曾经辛苦的过去，是自己即将美好的未来……

数到半夜，这一周的利润终于出来了，整整七天的不眠不休，让杨志明口袋中的现金流，从原来的 3 万多元直接上升到了 40 多万。

辛苦是值得的！通过这次试水，杨志明更加确定，这种模式肯定大有市场。他很快开始为第二年 3 月的业务做起准备来。

就在第二年，杨志明也从学院毕业了。和周围忙于找工作的同学们不同，他已经不需要拿着费心做好的简历，小心翼翼地寻找适合自己的单位了，而是有更多的心思和精力，投入到眼前的事业中。

3月份很快到来，原班人马依旧来到杨志明的小屋子里报到。不过，有点奇怪的是，其中几个“区长”却换成了新面孔。杨志明听着同学们的议论，心里就明白了七八分：在年轻人看来，这个业务赚钱太快了，几个“区长”顶不住诱惑纷纷选择离开，成为自己的竞争对手。

看来，一场竞争势在必行。

杨志明从来都不是个服输的人，他早就做好了一较高低的准备。不过，当这一天凌晨3点，小面包车载着杨志明来到朝阳区自考办大院门前时，竞争对手的阵势还是让他吃了一惊——原先的“区长”，早就带着自己的一帮人占据了大院门前出口的通道，摆好了摊位，就等着白天报名的人流从这里鱼贯而出，蜂拥购买了。

有人悄悄地对杨志明说：“老杨，我听说，他们提前三天就住进了旁边的小旅馆，然后每天夜里出来占位置。”

杨志明点点头，心想，做生意就是要竞争，没什么大不了。兵来将挡，水来土掩。他观察了一会儿，然后吩咐司机带着人先去下一个区，自己则悠然地下车，走进了自考办大院门口的值班室。

不出杨志明所料，正如同绝大多数的机关单位一样，值班室里坐着位六十出头的老大爷。

“大爷，您辛苦啊！我是来看看自考办的。”杨志明脱口而出，笑容可掬。

正感到无聊的值班室大爷，虽然有几分不耐烦，但看眼前的年轻人礼貌有加，便也略微点了点头。杨志明趁机递上一支烟，然后“啪”地帮大爷点着了火。

大爷满足地抽了口“红塔山”，趁着烟雾缭绕之际，杨志明问：“大爷，您在这儿值班，一个月能挣多少钱？”

大爷摇摇头说：“能挣多少？六百五而已。”

杨志明笑了，说道：“大爷。现在我有个小事儿请您帮忙，如果您能帮，一周就能挣到 2000。您看怎么样？”

“啥事？”大爷警觉起来，说道，“犯法的事我可不敢。”

杨志明说：“不会，不会。只是这一周考生们来报名时，请您把平时出门的大门给锁上，然后将旁边的小门给打开。我在那儿才好摆摊。这个，违反您单位的规定吗？”

“不违反，不违反。这是我的工作职责啊！”

谈话在愉快的气氛中结束了。第二天早上 8 点多，杨志明手下的人施施然而来，将小门一侧的街道占满，摆好了摊位。对面则是提前三天就占好位置的竞争对手。他们看见杨志明的人在平时无人出入的小门一列排开，得意地笑了，觉得杨志明这次算是被彻底打败了。

结果，当报名的人流从自考办大院鱼贯而出时，大爷叼着香烟从值班室走出来，“啪”地关上了大门，然后打开另一侧的小门。

报名者们几乎没有意识到变化，还在留意看考试的注意事项。当他们穿过小门时，迎面而来的正是杨志明的摊位。那一垛垛整齐干净的白色“内部参考”，在街边尤其显眼。很快，摊位就被里三层外三层地围住了。

这一次，杨志明抓住的不仅仅是客户的需求，还有合作者的需求。

直到几天后，竞争者们才明白，在他们放心地坐等市场时，杨志明早就拿下了拥有独特资源的合作者，并凭借这样的优势，在竞争中获得胜利。

在他“搞定”了朝阳区自考办门前这块市场的同时，他手下的人发现，竞争对手开始降价了。原来卖10元钱一本的内部参考资料，由于竞争者的纷纷加入，已经被压到了8元钱甚至6元钱，这样下去，货就可能卖不掉了！

杨志明的大脑迅速转动，他想到，10块钱，说多不多，说少也不少，以前考生能接受，为什么现在就不能接受？他们既然想要考试过关，难道需要节省这一两块钱？

杨志明想到个主意，他当天中午就找到房东，请他借用下身份证，然后自己带上220块钱的开户费，去电信大厅办了电话开户。随后，他让员工们将电话号码加印在书的封底，那里赫然多了一排醒目的字样：“自考复习咨询热线电话：82597138。”

这个号码在十几年后，还能清晰地从杨志明的口中报出。他说，当时因为这个电话，每天还真的要让女友接十来个电话，为考生提供咨询服务。更重要的是，有了这个热线电话，在销售现场，员工们大声地喊着：“考生们，一定要买正宗的内部复习资料，有热线电话才是正宗的啊！”

在那个大学寝室电话还需要电话卡的时代，考生们看准了这个服务热线，他们很快忘记了那几块钱的差价，而是坚决地认准印有“82597138”的资料。

就这样，杨志明不仅带着人抢占了自考办卖教材的市场，还从竞争者中脱颖而出，继续着他在自考办门口的“对台戏”。

书店的全面开花

随着生意越做越大，杨志明发现了新的商机。在他看来，总是采取摊点的形式并没有多少潜力，也无法做到长期获取利润。毕竟，自学考试报名一年总共才 14 天，而在其他的日子里，总不能坐吃山空，再加上现在手头也有了 40 多万的资金，杨志明就动起了开连锁书店的想法。

而正式决定开店，还要从 2001 年 9 月海淀区自考办门前的市场竞争开始。

由于杨志明的生意越做越好，竞争者也越来越多，自考办门前的摊点也就越来越多。客观上看，这些摊点的确对交通和市容造成了影响，为此，城管也多次进行了驱赶。这些年轻人自然不会和城管抗衡，最多采取那种街头常见的小摊贩游击战回避一下。即使如此，城管的执法对生意的影响还是很严重的。

听说了这个情况，杨志明来到海淀区自考办门前的街道上，看着这并不宽敞的马路上到处林立的卖书摊贩，觉得竞争的确太激烈，他又仔细看了看地形，发现街边有好几处居民搭建起的临时小门面，其中一个卖水果的摊贩，地理位置相当不错。

杨志明便走了过去，装作挑选水果，和老板搭上了话。他问清楚老板摊子上水果的总价格，大概在 1400 多块钱，然后又问清楚一天的利润大概是 200 多块。于是，杨志明心里就有了底。他说：“这一周，我给您 3000 块钱，再给您 2000 块的水果钱，您回去休息一周，店里面由我们来卖东西，怎么样？”

老板几乎没多思考，就满口答应了，一周什么都不用做就能够赚 5000 元，他当然没有拒绝的理由。中午时分不到，杨志明就用面包车把整个摊位上的水果全部拉回去，送给了他的员工，然后正式接管这个有门面的摊位。

当时，城管对这样的摊位还没有干涉，杨志明的员工们高兴地发现，竞争对手被城管一个个赶得东奔西跑，而自己却成了坐待生意上门的店主。

这一次的竞争实战，让杨志明进一步明确了开店的价值。更何况，经过两三年对自考市场的了解他也明白，自考消费市场在当时有着很大的潜力需求，这种需求不仅仅是对“内部参考”这一类资料的短期需求，更包括长期的学习需求。这就意味着不仅应该在自考报名阶段去满足这些需求，占领市场份额，还要通过门店的开张，在日常时段里满足更多的长期需求占领更多的市场份额。

就这样，杨志明和他的团队，开始了新一轮的“野蛮生长”——开书店。

这帮年轻人，胆子大、脑子快，没有太多的顾虑，说干就干。他们没有时间去测算什么风险，就抢在竞争对手反应过来之前，在四家区自考办门前租下位置最好的门面，开起了名为“博文育才”的自考学习辅导连锁书店。

这些书店面积不大，但提供的辅导书籍却种类齐全、数目众多，平时的生意就相当不错，到了考前，顾客更是在门店里挤得水泄不通。一年下来，杨志明算了算利润，比摆摊要更加赚钱。

“月有阴晴圆缺，人有旦夕祸福”，“野蛮生长”的模式终究不可能永远一帆风顺。很快，杨志明接到一个报急电话：文化局来检查，发现了盗版书籍，整个店的书籍已经都被扣押了！

这一次，杨志明确实被吓住了。虽然他从没指望靠盗版书赚钱，但毕竟发现了盗版书是不争的事实，作为书店的老板，他必须找到办法解决困难。

年轻的杨志明来到文化局，接受了执法队的笔录，也陈述了自己的情况，请求执法部门能够减轻处罚。对此，看起来威严的队长不置一词，只是让他回去等候处理。

走出文化局的大门，杨志明想来想去，觉得情况不妙。在北京，他是一个外乡人，没有办法去找什么人脉和门路，好在他天生善于和人打交道聊天，很快便和文化局的门卫大爷搭上了话。看天色已晚，杨志明又请大爷去旁边的小饭店喝了点小酒，醉意上头，大爷和盘托出。

原来，杨志明的书店是被竞争对手举报的。在那些被查抄的书籍中，盗版书并没有多少，按照行政执法的自由裁量权，可以处以警告处罚，只要下次不再明码标价出售，就可以免于罚款处理。问题是，怎样才能让执法队的领导了解自己创业的难处，对他“高抬贵手”呢？

杨志明还是没有主意，第二天，他依旧来到区文化局门口。这一次，大爷对他亲切了许多。两个人没侃上几句话，大爷就给他指了条路，说：“你别看那天跟你做笔录的领导挺凶，其实，他人很好，而且早年在安徽插过队。你不是安徽农村孩子吗？跟他好好说说，谁没犯过错呢，承认就好了。”

杨志明恍然大悟，他谢过大爷，回去准备了一份洋洋洒洒四页纸的“检讨书”，然后来到队长的办公室。这一次，他知道了内情，有了很大把握。一见队长，就承认自己经营书店缺乏经验，也没有注意防止盗版书籍的流入，犯下了错误，愿意主动接受处罚。队长看他态度诚恳，脸上的表情也放松了不少。接着，杨志明又把自己和弟兄们创业的艰辛说了一遍，谈到自己是安徽农村走出来的孩子，是全村第一个闯到北京的人，这些事让队长连连唏嘘。

人非草木，孰能无情。队长看看面前只有自己侄子辈大小的杨志明，又翻了翻手中的材料，再看看那份“检讨书”，也觉得盗版书籍数量不多，按照自由裁量权，的确不需要罚款。于是，他便故意板起脸说：“既然知道错误，你就要承认错误。这样吧，你写一份检讨，然后立即去补办文化经营许可证、工商营业执照。这一次就不处罚了。以后，你的书店不能再经营盗版书籍。”

就这样，杨志明渡过了连锁书店创业以后的一次大风险。

很快，在队长的指导下，他的四家书店都办下了证件和执照，走上了合法经营的道路。这次风波之后，再也没有一本盗版书出现在他的销售书架上。

正是从这时候起，杨志明认识到，做企业，不仅要满足消费者的需求，同时也要注意到相关行业的法律法规及政策的要求，注意到社会的需求，能够协调好各方面的利益和关系，才能有长远的发展前途。这种兼顾企业经济效益和社会效益，严格遵守国家法规政策的经营精神，将会在他日后缔造和领导英特华集团的道路上，发挥重要的作用。

过了这个坎儿，四家书店开得红红火火。

究竟为什么随便“鼓捣”起来的连锁书店就能做大？杨志明回忆这段创业历程的时候，这样分析：连锁书店凭什么做大，其实和后来英特华凭什么做大有着相同的答案——凭借老板的思维。

有些人之所以能成为优秀的领导者，有些人之所以只能成为优秀的员工，其区别不一定在于能力的大小，首先取决于思维是否能够领先。杨志明之所以能开好这四家书店，也同样在于其思维牢牢把握住了时下客户群体的需要。当时，自考办也同样出售教材，但只有周四下午才能购买到，而大多数考生只有周六日才有时间，这个信息被杨志明捕捉到以后，才坚定了他开书店的信心。

当时，杨志明对书店运营的成本和利润周期盘算得清清楚楚。自考报名一年有两个时段：3月1日到7日，9月1日到7日；除此之外，一年还有两周是领通知单的时间；不久之后，自考加考公共课，又多了四周。这样，一年八周的热销期中，书店运营的所有成本都已经在头三天赚了回来，而全年剩下的时间都是纯赚利润。

就这样，书店的营业额不断上升，杨志明的赚钱计划像滚雪球一样越滚越大，他的目标也越来越高。2002 年，他又通过投标，以“标王”的气魄拿下了海淀图书城一楼的黄金铺位，开始做起了自考辅导图书的批发生意。

正当杨志明的图书经营做得如日中天的时候，大环境发生了变化。

2004 年，国家自学考试开始实行网上报名。当时对互联网并不太了解的杨志明，和许多人一样，并不清楚在未来的十年内，这个似乎还只是青少年在玩儿的东西，将怎样颠覆中国的商业环境。他从各家书店的店长那里听说，现在去自考办的人越来越少，随之而来的是进书店的客流量也不断减少，虽然书店还能经营下去，但显然利润已经远远不如以前了。

同样，海淀图书城的图书批发生意，也开始陷入利润下降的局面中，图书经营者越来越多，而市场并没有扩大，眼看产品开始积压，客户的订单也越来越少。

杨志明后来将那时的互联网形容为“信息平台”。当这样的互联网以萌芽中的姿态跃跃欲试，影响和改变着整个国家的经济发展模式时，杨志明的确是迷茫的，从大学创业一路走来，他还没有碰到过事业的低谷，总是能依靠自己的力量战胜困难，但这次，他隐约感到问题并非出在自己身上，而是整个行业所面临的颠覆性问题。他必须进行新的抉择：是继续在图书行业中挣扎下去，还是选择跨界尝试新的开始？

改变事业和人生的机会，在杨志明和他的团队面前展开。

FROM A COOK

TO A BIG SHOT IN E-COMMERCE

第三章

一次外行的跨界试水

饭桌上的商机

当自考培训图书行业在互联网的冲击下陷入低谷时，杨志明知道自己需要在新的领域进行尝试。但究竟选择怎样的行业呢？他还在苦苦思索。

机缘巧合之下，杨志明看到了饭桌上的商机——开饭店。

在全球化经济背景下，众多行业分类越来越细，而餐饮行业算是其中相当特殊的一个。中国人自古相信民以食为天，因此餐饮业从古到今都是重要的行业；与此同时，餐饮业又是相当现代的行业，因为今天的餐饮业，已经不再只是“吃”这样一个简单的概念，而必须要承载客户更多的需求。

和任何行业一样，餐饮行业也存在着其利益点和危机。从利益点来看，当时的北京城正在迅速地扩张发展之中，每天都有许多人需要走出家门吃饭，这些人从行政部门到商业人士，从普通公司员工到在校学生，从旅行者到普通市民，都是整个餐饮业的潜在客户，不可谓没有充分的商机。

但是，餐饮业存在着难以标准化、技术性强、受到人才和员工影响大、受到经济整体环境影响大、市场竞争激烈等不同因素的影响，此时试水也可能危机重重。

正因为如此，曾经有餐饮业的专家总结出这样的现状：中国有 20% 的餐饮企业是赚钱的，不仅如此，它们基本上拿走了市场中的大部分份额；而 40% 的餐饮企业实际上只能获得微薄的利润，做到保本经营；在金字塔最底层的 40% 的餐饮企业则在亏本经营，它们很有可能随时倒闭。

杨志明在接触餐饮业的时候，并不是内行人，他甚至根本没有仔细深入地了解过餐饮行业，就凭借着青年人独有的创业热忱加上手头积累下来的资金，一头扎入饭桌上的商机。

杨志明下定决心开饭店，其实缘起自一盘油麦菜。

在书店经营过程中，杨志明和他的团队员工常年忙于工作，吃饭也经常只是在街边找一家饭馆随便点几个炒菜。但到了 2004 年，杨志明从菜肴的价格变动中嗅出了一点儿商机。

这天，杨志明和几个员工来到一家饭馆吃饭，边吃边聊，有人就说到了菜的价格：“杨总，这家饭馆生意不错，你看，油麦菜都卖到 18 块一盘了。”

杨志明看看那位员工手指的菜单上，果然，原来清炒油麦菜的价格已经被老板用修正液涂去，写上了“18 元”的价格。

其他几个员工都附和说：“是啊，经济越是发展，物价越是提高。”杨志明陷入了思考，他在心里盘算了一番：一盘清炒油麦菜，菜的成本顶多两块多，人工费 1 块，作料和液化气的成本 1 块，门面费用平摊进来 1 块，那么，剩下的 13 块就是纯利润了。这样的利润，不是比自己在自考办门口卖书还要赚?

杨志明吃不下去了，为了验证自己的想法，他拿起菜谱，从头到尾细细致致地看了一遍。不看不知道，一看吓一跳，自己以前并没有关心过的餐桌生意，原来能这样赚钱。想到自己正在寻找新的创业机会，杨志明不由得心动了。他决定迅速调整业务重点，将自身的资金和经营投入到餐饮行业。

此时，杨志明并没有意识到，投身餐饮的道路并不一定就能像投身图书那么顺利。

客观而言，杨志明对餐饮行业机会的把握十分敏锐。餐饮行业，也的确是能够获取丰厚的利润回报。从海底捞到俏江南，都是国内做得风生水起的餐饮行业巨鳄。这些企业之所以能够获得重要成功，就在于他们能够向客户提供餐饮食物之外，包括到位服务、愉悦气氛和丰富文化的空间。换而言之，想成为成功的餐饮企业，必须要满足客户围绕餐饮的一系列需求。

从不同行业转入餐饮行业的企业家并不少见，而进入餐饮行业之后获得成功的案例也同样数不胜数。但是，在转行中失败的例子也并不罕见。分析这些转行不顺的餐饮企业，其原因通常归类为下面五种：

第一种原因，并不具备餐饮企业的经营管理知识和能力，就盲目转入了餐饮行业；

第二种原因，不了解餐饮经营的压力特点，缺少足够的心理准备；

第三种原因，对于餐饮业缺乏真正的了解，对真实的情况判断不明；

第四种原因，对参与企业运营和管理的员工选择错误；

第五种原因，企业家缺乏变通的思维能力，对市场和行业已经发生的变化缺少应变能力。

今天回过头去观察杨志明当时做出的选择，并非万无一失。他至少在前四种因素上都或多或少地“中了招”。这是因为杨志明加入餐饮行业的动机和多数人一样：一方面，想要通过转行来扩大自己的经营领域，另一方面，还想要在餐饮上做出起色，然后逐步放弃原有的事业最终完全转行。这种情况下，经常会有经营者由于急迫、草率地转行，而导致管理经验缺乏、无法判明形势等原因，造成事业失败。

比如，有些经营者由于原有业务受到阻碍而选择逃离，却没有辛苦经营的热情。

又如，有些经营者并不懂得餐饮业的困难，对已经存在的竞争状况缺少思想准备，这样，在他们开店的准备和规划过程中，就相对少了一些缜密的思考。

杨志明一开始也差点犯下同样的错误，包括地址选择问题、转让费问题、店面装修问题和人员选择问题等等，但好在最终他还是从危险境地中走了出来，并把握住了商机。

杨志明是怎样做到的呢？

其实，餐饮行业最大的失败风险主要来自第五种原因——企业家的个人思维。

不少企业家或许在其他行业中因为时机、人脉、能力或者资源赚到了第一桶金，但他们并不一定有杨志明在最初创业时就形成的“把握客户需求”和“共享利益”的积极思维。这样，当他们进入餐饮行业之后，由于思维的限制，其僵化的经营模式、主观的经营行为、对客户需求的漠视、对合作伙伴和下属利益的忽视等等，都在相当程度上加大了失败的可能。

而恰恰在这方面，杨志明具有其一直以来的优势，凭借这一点，将成为他日后在餐饮行业中低开高走的必杀武器。

第一家饭店开张

说干就干，是杨志明做事的风格。很快，他就在北京郊区的杨闸开张了自己“跨界”的第一家饭店。

在“跨界”的选择上，杨志明从一开始就展现出其创业家的性格特点。在决定开饭店之后，他将手头的图书经营业务交给妹妹打理，自己则带着司机到处寻找门面，不久后，他找到五环外朝阳路杨闸的一处地方，有 300 多平方米大小。杨志明亲自去看了一次，对附近的社区、商圈做了了解，认为比较适宜开饭店，就立即敲定了这里。

因为急于早日开店，杨志明甚至都没有想到请主厨的事情，就开始了紧锣密鼓的装修。事后证明，这种热情还是耽误了他开店的进程。一直到店装修完毕，购买灶具的时候，他才联系到涿州的某位经验丰富的厨师长。这位厨师长接受了杨志明的邀请，打算加入他的饭店，但来饭店里里外外走了一趟，便直摇头地说道：“你们的后堂那么小，我的厨师都站不下，怎么办？”

杨志明没有想到，自己一开始做饭店就闹出这样的笑话。在最初装修时，他甚至不知道后堂的概念，以为所谓饭店，后堂只需要几个人就可以了……

最终，杨志明只好按照厨师长的吩咐，将已经装修好的两个包间全部砸掉，扩大后堂厨房的面积，让厨师长12个人的队伍拥有足够大的工作空间。

经过这样一次波折，饭店开张前的准备工作总算是到位了。有了漂亮雅致的包间、干净宽敞的后堂，又有了经验丰富的厨师长和他带来的员工队伍，杨志明信心十足，准备一试身手。

在这段准备过程中，杨志明逐渐从自己的工作中吸收了经验，弄清了餐饮业的一些经营规律。对一家餐饮企业而言，其开设和经营的过程中，首先需要考虑到投资问题。即便资金充分，想要有效降低投资风险，都应该对经营过程中不同层面的影响因素和相互关系进行梳理。其中包括房产的开发、装修营建、厨房设备营造、物料准备等等。

杨志明后来说，如果今天他去做饭店，不可能再像当年那样冲动，急于租下门面，而是一定会详细计算不同的准备程序中所需要投入的资金，然后咨询相关的专业人士，从而让投资计算更加合理准确。

杨志明后来总结出以下这些调研分析的重点。这些重点不仅适用于餐饮企业，也同样适用于包括电商企业在内的诸多企业。

首先，对开发投资进行分析。

任何一家店面在开店初期，除了对商圈进行分析，并选择出较为适当的参考地点之外，怎样进行有效合理的开发成本投资，并计算出投资和回收的效益比较，也是相当重要的。因此，关于开发投资的分析，必须要包括土地、建筑物和经营设备三大部分。然后根据市场调查的结果，去预测整个企业在未来五年、十年的营业额、成长率，从而获得历年经营过程中投资损益和周转情况，获得企业初期开发投资的回报率和投资效率。这样的数字，将会对开业运营有良好的帮助。

当然，这种开发投资分析，不可能由老板或者少数员工来完成。如果企业的创始人能够有较为完备的市场调查或分析报告，就应该从中取得综合统计的结果，然后进行相关分析。

其次，对周边商圈环境进行熟悉。

杨志明之所以后来能在饭店经营上赚了一些资金并启动英特华，是因为从这次经营开始，他就养成了在开店投资之前，先驱车将店面周边的环境进行充分熟悉。不仅如此，后来，他会进一步了解店面所在的社区特点、生活形态以及相同行业竞争者的经营情形。其中包括店面地址、土地建筑物面积、建筑物结构、店面形式、押金和租金情况，等等。

当然，商圈本身是动态的，会随着消费者的需求、生活形态的变化而变化。因此，企业投资者和经营者需要对重点的商圈把握最新的信息，从而增加对市场的敏感度。后来杨志明在进行英特华“七园联动”的项目策划和领导时，正是利用了这样的敏感度，开发了一个个重要的园区，并获得了相应的政府支持政策。可见，对商圈情况的掌握，是企业家本身在进行项目开发投资分析时不可遗漏的因素。

最后，要对店面的营业情况进行分析。

当企业领导在筹备其第一家企业时，本身并没有多少经营历史可以查询。因此，必须根据附近同行的运营状况，去进行分析。以杨志明的第一家饭店为例，在他正式开业之前，并非完全是凭借冲动，而是对周围两三家饭店的经营额、营业时间、高峰时段、能提供的座位数、菜品的价格、上桌率、就餐者的档次等情况进行了不同程度的调查，从而得出了其新饭店的营业额预估。

不过，杨志明在初次试水时虽然做出了营业额预估，却没有对于成本的分析进行详细评估。当他后来进行新的餐饮项目时，尤其注意弥补这一点。对餐饮企业费用的产生项目逐类进行分析，其中包括固定成本，如人员薪资、劳务费用、工具费用、维修保养费用、杂项支出、租金和利息、税费等等；也包括变动成本，如产品成本、市场宣传成本、员工餐饮和福利成本、制服成本、运营成本等等。

万事俱备，只欠东风。经过一番紧迫却不失全面的准备之后，杨志明的饭店很快在2004年的国庆节开业了。开张当天，过去经营书店时认识的朋友纷纷前来祝贺，饭店里里外外坐满了人，员工们跑前跑后地忙碌着，杨志明看着这一切，信心十足。

此后不久，杨志明正式将自己从图书经营中抽了出来，一心扑在这块新开垦的餐饮领地。

强拆队来了！

进入餐饮行业半年后，杨志明就歪打正着地又开了一家新店，而位于安华里小区的这家饭店，差点因为强拆而陷入“灭顶之灾”。

当时，开在杨闸的饭店业绩不错，这让刚刚进入餐饮业的杨志明相当高兴。为了激励厨师长、经理和几名主要员工的士气，他专门让饭店安排了一桌，亲自表示对他们辛勤付出的感谢。

饭桌上，大家酒酣耳热，天南地北地聊了起来。这时的杨志明很有野心，充满了对成功的渴望，他对厨师长说：“大师傅，我原来是做图书的，现在转行做餐饮虽然没有经验，目标可不低。别看我现在这家饭馆在郊区，其实只是第一步，今后，按照农村包围城市的路线图，我还要开更大的饭店！”

听了这番话，大家都纷纷称赞杨总的高瞻远瞩。

没想到，过了半个月，厨师长找到杨志明说，在安华里小区那儿，他看中了一家很好的门面，能够做饭店。

杨志明相信这位厨师长，毕竟，他的业务和经验相当不错，对饭店的贡献很大。于是便抽了一天，带上厨师长一起到安华里小区看了看。别说，这里已经是北京市区，无论在交通便捷程度还是客流量上来看，显然都比郊区要好得多。再看周围的商圈，开得也挺红火。

如果让杨志明自己挑选门面，或许他还会像之前那样小心翼翼。但有了厨师长的推荐，他就果断地拍板，用40多万的转租费从原来的经营者手中，租下了一层门面。然而，这样的草率让他付出了代价。在租下门面后不久，他听说这里的转租费用原本只需要20多万。显然，杨志明中了厨师长的“江湖招数”，他从原来的经营者那里拿到了相当多的好处费。

杨志明此时才知道，在餐饮业，许多“规矩”和“圈子”是需要自己去重新了解和适应的。开弓没有回头箭，杨志明此时没有其他的选择，必须硬着头皮将生意做起来。

经过观察，杨志明发现，自己的一层门面在这里的商圈中显得有点“寒酸”，和周围的高层建筑比起来相当普通。于是，他决定马上开始大工程加盖两层建筑。很快，他让手下人用一辆面包车拉来几桶色拉油，然后挨家挨户发到紧邻的居民手中，解释说饭店要进行扩张，装修可能扰民。这样一来，无形中也起到了很大的宣传效果。

一个多月不到，兵贵神速，新的两层建筑就建起来了。这样一来，那多付的转租费用，似乎也就不再那么令人心疼。但杨志明算了算账，自己手中的流动资金，也因此消耗了不少。

正当新的三层建筑出现在安华里小区时，一个噩耗传来：“强拆”队要来了！

原来，这幢新建筑已经被竞争对手举报，据说可以被认定为违章建筑，有可能会被强拆。经过杨志明带着人反复奔走求情，最后被判缴纳罚款，保留建筑。

这样一来，杨志明手中可以动用的资金就更少了。为了解决资金的问题，杨志明干脆将自己在北京人大附小附近购买的住宅卖掉，拿到115万元的现款继续经营饭店，新的饭店总算得以顺利开张。现在他想起来，还是直摇头，说自己当时什么都不懂，不知道用住宅可以从银行抵押经营贷款。

天无绝人之路。安华里小区饭店虽然经历了转让费的“潜规则”，经历了被强拆的“危险”，但在团结的员工队伍的支持和参与下，杨志明还是把生意一点点做大了。这家饭店和杨闸的饭店一起经营，为杨志明的事业之火渐渐烧旺，不断增加着力量。

后来，在成为英特华集团的老总之后，杨志明还是没有忘记起步经营这两家饭店时总结出的成功经验。实际上，这些经验要素不仅仅能够应用于餐饮企业的经营过程，同样能够应用于电商企业的经营，而英特华的成功，同此时的经验积累也难以分开。

要素一，投入充分的热情到餐饮企业经营中去。

同其他的行业一样，只有真正喜欢的人，才能成为行业中的领军人物。从表面上看，餐饮事业似乎并不复杂，但身处其中就会发现事实并非如此。经营餐饮企业，不能凭借一时的冲动，而要有着持续的热情投入，否则，创业者很容易忽视餐饮产品、餐饮服务、店内气氛等微小细节，也不会明确如何发挥自身优势才能够吸引客户上门进行二次消费。

因此，不管经营怎样的餐饮企业，最重要的成功前提，就是热衷于经营，有着充分的热情，能够热爱业务和客户，能够热爱自己的员工队伍。

要素二，让自己的餐饮店有一定的特色。

杨志明发现，一家没有什么特色的餐饮企业很难真正定位自己。创业者应该根据店面周边的环境、自身投入资金的多少来确定店面的性质，定位餐饮产品的特色，针对特定人群创造出相应的餐饮品位。

杨志明特意对自己新创立的饭店做出了如下设计：在菜品上，主打当时流行的湘菜路线；在口味上，结合当地消费群体的喜好进行一定的改良；在特色上，营造时尚、健康和营养的特点；在价格上，科学设计，按照自身店面的档次和周围社区的消费能力，将一些家常菜品薄利多销，而将另一些主打菜品作为利润产品。

要素三，有良好的厨师队伍。

想要在搏击餐饮界的过程中取胜，那么一定要按照餐饮企业的规模和档次，去选择相应的厨师队伍。一个好的厨师队伍，必须要有经验丰富、技术过硬的厨师长，否则，这样的餐饮企业就难以支撑起来。

杨志明邀请的厨师长，经验丰富、技术不错，在加盟他的队伍之前，曾经自己承包了一个单位的食堂，因此也有着不错的管理经验。对于目前这个定位为城郊接合部的社区饭店来说，发挥的作用还是相当不错的。当然，对其人品进行一定程度的验证也相当有必要，毕竟，在餐饮界这个圈子里，良莠不齐、鱼龙混杂，做老板的必须要适当提高自己辨别人才的能力。

要素四，具备良好的管理能力。

杨志明总结说，想要做好餐饮企业，一心二用是不大容易的。如果老板有时间和精力，最好能在餐饮店亲自管理经营。如果无法事必躬亲，那么就需要找到经验丰富的管理人才。

要素五，对店面工作人员监管到位。

餐饮企业的老板有可能并不懂餐饮业务知识，这并不奇怪，但是，管理餐饮企业，一定要在企业中建立起必要的监督和制约机制，要能够定时去了解餐饮店运营情况、营业额、每天的投入、员工的管理、客源的多少等情况。这样，老板才能做到及时发现问题并进行解决，不断提高自己的经营管理水平。

杨志明尤其注重这一点。他将自己在图书行业经营中所积累的管理经验转移到餐饮行业中，很快抓住了产品、服务和店铺三个要素。其中，员工服务水平是其中最容易直接提高的。杨志明告诉员工："想要让顾客真正信赖我们，我们就需要及时满足顾客需求。这样，客源的提升，才能给我们饭店带来营业额。所以，任何时间，我们饭店都要站在顾客的角度去思考，站在自己立足的工作岗位上去听取他们的意见。对待他们，就要像对待自己家人一样，去积极协助和关心，而不只是做生意。"

杨志明通过开店之后一段时间的积累，很快认识到，餐饮行业并不像自己原来想象的那么简单。无论是菜品种类是否完整、是否有充分的选择性，或者是从点菜到上桌再到埋单的服务速度，都有可能引起顾客的不满。顺应现有消费者对产品之外附加价值的重视，提供更多满意的服务，才能在今天的市场竞争中占有重要的位置。

正因为如此，杨志明在经营之初，尤其注意店内员工队伍的管理。

他要求厨师长在招聘员工时，必须做到不同人才之间相互的协调合作，注意尊重不同员工的个性特征。这样，无论他们工作有多忙碌，都能始终保持应有的态度和心情，去面对问题或者困难。

尤为重要的是，杨志明特别注意一线员工的服务态度，哪怕只是最普通的年轻服务员，他都在工作中进行关心和指导，同大堂经理一起手把手教会他们怎样为顾客开门、怎样问好、怎样告别送行等等。杨志明风趣地告诉他们：来店内的客户，服务员应该将他们看成需要呵护的幼小儿童。不仅要提供应有的服务，还要想办法让他们感到舒适和开心，这样，他们才能对企业产生良好印象。

当然，杨总清楚地看到，饭店的经营管理是关于人的管理，而不仅仅是对事的管理。顾客所需要的高品质态度，并不是用一套纸面上的服务规章制度就能解决的，而是应该由他的日常管理，去向基层员工做出示范，并赋予他们真正解决顾客问题的能力和意愿。这对于饭店的经营管理才是最基础和最重要的。

在实际工作中，杨志明对店内执行服务流程的员工，切实指出下面的工作要点：

首先，注意对时间的掌控。一旦店内的服务较为繁忙时，必须要有专人负责原有工作，并根据顾客流量的增加，增加服务人员或者调整服务路线等。

其次，注意店堂的整齐清洁。无论是前堂或者后堂，都要随时注意保持整齐清洁，形成主动维护环境的习惯，注意检查和考核。对持续保持整齐清洁的服务班组，给予应有的奖励，否则给予处罚。

再次，注意对顾客情绪的把握。例如，随时询问顾客的需要，根据顾客的要求改变服务方式，对于熟悉的大客户进行日常的联系，请客户随时提出宝贵意见等等。

最后，安全措施。对于店堂内的环境安全、收银安全，以及店外的停车安全、交通安全等等，确保用餐环境的愉快和轻松。

在这段刚刚试水餐饮企业的日子里，杨志明进一步形成了个人领导企业的经营风格，那就是，一家企业从生产经营到服务品质的良莠高低，固然源自于领导者要求标准的高低，更来自员工的意识。这些一线餐饮服务人员在缺少工作经验的同时，其责任感和忠诚度也比较低，但杨志明从通过物质和精神上的激励，试图改变他们的观念。这样，不但能够明确工作的标准，更能够将其经营观念融入员工的工作态度中，企业将从这样的推广过程中获得进步。

天宝酒楼的覆灭

无论是做人，还是做生意，杨志明都不希望自己没有竞争对手。后来成为英特华集团的老总时，他依然保持着这样的性格。而在此时，在安华里小区附近开饭店的他，面对的最大对手就是隔壁的“天宝酒楼”。而这家酒楼最终因为杨志明的颠覆模式而彻底退出安华里商圈的舞台。

杨志明的酒店刚刚开张时，天宝酒楼的老板就一脸的不屑。他不知道从哪里打听到杨志明的家底，到处跟人嚷嚷：“一个做图书的大学生，跑来跟我抢餐饮生意？哈哈，笑死人！”

杨志明知道了这件事，并不气恼。他知道，自己作为餐饮业的新人，的确缺乏经验，但是他并不缺乏勇气和智慧去寻找到新的运营模式，去颠覆对手。

想要颠覆对手，就要先研究对手。杨志明对天宝酒楼进行了认真的观察和了解。他发现，天宝酒楼的优势是在安华里小区附近做的时间比较长，同客户比较熟悉，性价比高口碑不错。但实际上，天宝酒楼的菜品并不算全面，也已经有相当长的时间没有更新了。

发现了对手的漏洞，杨志明决定用自己曾经在图书行业的思维和做法去颠覆他们，用自己的优势去攻击对方的弱点。

同考试类图书行业不同，餐饮的消费需求不会那么“硬性”，而是更强调消费者自身做出的选择。在诸多餐饮店中，新颖、整洁的外观形象，当然能对顾客产生很大的吸引力。

然而，对于天宝酒楼在内的许多餐饮企业而言，虽然对外场部分的设计花费了一定心思，但酒店的外部，包括外观形象、招牌形象等等，则缺乏一定思考。显然，从这个角度入手，能够做到颠覆和超越。

经过研究分析，杨志明发现，一个吸引 眼球的店面招牌是很好的突破口。店铺招牌，不仅可以让消费者了解餐饮企业的存在，而且可以引起路人的注意。因此，招牌的设计目标，不仅仅在于让客户群体看得见就可以，更要具有一定特色，能够吸引住过路者的目光。杨志明希望，自己的店面招牌能够在路人目光停留的数秒钟之内，抓住他们的眼球，这样就很容易吸引到新的顾客。当这些顾客能够走入店中用餐，才能从产品、服务、气氛等感受到他们店内的特色，以及与天宝酒楼的差异。

经过对地形的观察，杨志明发现，自己和天宝酒店附近数百米内，就有一处公交车站。每天上下班时分，都有大量人流从店门口经过。如果能够抓住这些人的注意力，就很容易为酒店带来新的顾客。于是，他亲自设计了一个“造型招牌”。这个招牌装在安有霓虹灯管的移动灯箱上，上面是一个硕大的啤酒杯造型，还有满溢出来的泡沫。夜间到来时，啤酒杯造型可以发出闪闪的光，即使刚从公交车上下来，也能清楚地看到。

虽然这个招牌造价不菲，但是杨志明认为，只有先在招牌上给人留下印象，才能先胜一筹。的确，这个新的招牌一出来，天宝酒楼门头上的四个楷体大字，就显得失色了许多，即使到了夜间，人们的注意力也会被闪闪发光的啤酒杯吸引。

当然，只有漂亮的招牌是不够的。推出啤酒杯造型的招牌之后，杨志明快马加鞭，又让人制作了精美的展示板，周边点缀上一长串的彩色小灯泡，然后上面用醒目的大粉笔字写上当天的特价菜、长期的特色菜。为了吸引眼球，杨志明还和厨师长商量了一下，特意借鉴了当时刚刚兴起的“武林菜”，把“风波鱼头”“大漠牛肉”等能够充分引发食客们联想的菜名写进其中。这样的展示板放出去之后，在当时相当吸引眼球，几乎每天都有好奇的年轻人、悠闲的老年人在展示板前停下脚步，评头论足。

还别说，经过招牌上的一番变化，新开的酒店很快就招来了不少人气。和天宝酒楼老板预料的恰恰相反，他看到的是每天晚上，尝鲜的食客们都坐满了杨志明的店面。还没等天宝酒楼反应过来，杨志明很快又推出了颠覆式的“第二招”。

餐饮业之所以和其他行业有很大不同，其重点在于产品，即菜式对营业效果的影响上。其他行业中，产品可能存在较大的同质化，但依然可以靠品牌、服务或者开发消费者的需求来实现超越，但在餐饮业中，如果菜式带给顾客的口感欠缺，靠营销手段进行弥补就很勉为其难了。

为此，杨志明决心好好了解餐饮业产品的类型和特点。他虽然不是厨师出身，却经常到后堂，观察厨师团队的工作过程，也和厨师长请教商讨如何开发新的菜式。经过了解，他们发现，天宝酒楼的老板是东北人，店内的菜系以东北土菜为主，强调原生态的乡土味道，讲究的就是那种“热炕头”的感觉。这些菜系在数年前的安华里小区效果的确不错，因为那时候的食客，主要还都是中年社区居民，他们之间的聚餐往往只是亲朋好友的家庭聚会，讲究的是实惠，看重的是热闹。但是，随着北京奥运会筹备工作的逐步推进，安华里小区附近商圈的发展从 2005 年之后已经开始明显加快，有用餐需求的明显不再只是社区居民，附近购物中心的一些消费者、中小公司的商务宴会等等，都表现出很大的需求空间。显然，对他们而言，东北菜系未必是最好的选择。

把握住了客户的这一需求，杨志明让他的厨师团队很快开发出一些新的菜式。这些菜式大多来自粤菜、江浙本帮菜，还包括一些台湾风味的菜品和甜点。当然，这些菜式都经过一些改良，以求能够更好地让北京的食客们接受。

果然，经过这样的变化，回头客很快就增加了。尤其是那些做生意的老板、公司上班的销售经理们，以及附近机关事业单位负责订餐的办公人员，都觉得新开的这家酒店很对客户的胃口，不少人主动要走了杨志明的名片，而几乎每天下午时，晚上的包间就已经订满了。

随着这样的变化，天宝酒楼的生意逐渐冷清了起来。东北老板开始着急了。他没想到，自己原先看不上眼的“大学生”，居然真的把自己原本一人独大的市场给弄得天翻地覆。一气之下，他开始主动降价，希望把流失的顾客重新拉回去。

没想到，杨志明最不担心的就是对手掀起价格战。天宝酒楼一降价，杨志明这边就宣布，啤酒免费供应，菜品满 100 送 50！

此时正是酷热的夏季，啤酒消费量大大上升。在这个时间段上宣布啤酒免费供应，的确需要一些勇气。但实际上，免费供应的啤酒只是批量运来的生啤和扎啤，成本同瓶装啤酒不能相比，这种免费供应的模式，却大大吸引了客户的关注度，加大了店面的流量。菜品满100送50的优惠活动，也是用来吸引那些有频繁用餐需求的客户，确保他们能够被折扣所吸引，长期维系客户。

必须承认，日后英特华引以为傲的“前门免费优惠，后端利润产品”的运营模式，从此时在酒店的经营上，就已经初见端倪。杨志明当然明白，仅仅有免费模式，只能赚来市场份额的表面光鲜，每天坐满用餐者并不代表大量利润进账。为此，他交代厨师团队，注意对某些菜品用量的控制和调整。另外，对那些客户关注敏感度较低的凉菜进行了价格调整。例如，原本卖6元一份的醋泡花生，现在调整到了8元；原本卖9元的口水鸡，现在卖到10元……大客户们通常并不在意细小的价格变化，但由于啤酒免费供应，凉菜的购买数量明显增加。结果，啤酒免费模式中损失的利润，从凉菜的消费中找补回来一大半。

既赚到了人气，又赚到了钱，这让杨志明的酒店蒸蒸日上。与此同时，天宝酒楼支撑不下去了，老板对既有成果的满足、不求改变的经营态度，让它很快丢失了原来的市场份额，即使重新进入竞争行列也很难维持下去。两个月后，天宝酒楼关门大吉。

市场是残酷的，得到客户的承认、获取丰厚的利润，就是市场对敢于创新的企业最好的奖赏。反之，对于那些不愿意应对变化、不能主动进行自我颠覆的企业终将被市场淘汰。通过和天宝酒楼之间的竞争，杨志明进一步确认：想要成功，就不能等别人来颠覆自己，而是要不断超越自我，再去不断超越竞争者。只有用新鲜的面孔去看待市场提供的价值链，用旺盛的生命力投入到对客户需求的满足上，企业才能得到长足的生存和发展。

士气比武器重要

天宝酒楼倒闭之后，杨志明的饭店更是风水水起。在接下来的经营过程中，他开始有意识地提升自己对员工士气的激励。

激励，是管理者为了鼓励或引导他人投入更多精力去实现目标而进行的工作。在企业管理中，领导者首先确立目标，继而去实现目标。在这样的过程中，需要引导员工充分发挥自己的能动性，尽可能让他们自身的工作目标和企业总体的目标紧密结合。

放在杨志明面前的任务，就是让酒楼员工的个人目标和整个酒楼的目标紧密结合，这样，员工就能够认识到自己的日常劳动对整个企业都是至关重要的。当他们因此而有了较高的士气之后，就不只是在简单重复地工作，而是在实现自身的价值、自身的追求了。

杨志明经过将近两年在餐饮业的经营已经发现，员工的士气高低，和他们对工作岗位的感情有着直接的关系。他亲自设定了几个问题去观察员工个体的士气，包括员工在工作中是否会出现较多的原材料浪费，是否会出现菜品质量和完成速度的问题；员工个体的不满或牢骚是否较多，是否产生工作事故；员工流动率是否变高，是否存在大量的迟到早退现象；员工相互之间的合作情况如何，包括加工和切配、切配和炉灶以及后堂和前场之间的配合；员工是否表现出对领导的不尊重，或者对企业整体利益的不关心。

运用这些问题作为标准进行观察，杨志明发现，餐饮企业的员工士气并非只能通过领导者的“感觉”，而是可以实际进行判断。如果这些情况出现较多，那么就说明士气有所下降。

杨志明还发现，在个体员工身上，士气很容易受到工作目标的影响。当员工个人的目标和整个企业的目标一致，他们才能把企业的目标当成自己的奋斗目标。反之，当员工士气较低时，很大原因是他们自身的工作目标和企业目标发生背离，这种情况下，员工的士气较低，缺乏应有的工作活力。因此，他决定带头提振员工的士气。

恰好这段时间，杨志明参加了一个培训课程的学习，对自己的管理能力有了更加清醒的认识，同时，对自身事业的发展有了更为远大的设计。他发现，自己虽然有较丰富的企业管理经验，但由于从小个性内向，缺少在集体面前说话的经历，对员工进行激励的能力比起其他企业家相对较弱。想要做好士气的提振，必须从提高自己的激励能力开始。

为了给自己和员工打造一个全面提升的环境，杨志明着手开始下面的工作。

首先，利用环境气氛对员工进行激励。在之前的工作中，杨志明并没有将员工激励放在工作的重要位置上，更多是用薪金考核来鼓舞员工士气。为此，他打算先从改变环境气氛开始。在整个企业中打造出让员工感到受尊重、受关怀、工作心情舒畅、上下级和睦相处的环境氛围。使员工能够更加热爱集体、相互协作，做到有意见进行坦诚交流，有困难共同克服。

为了打造这样的环境，杨志明决定，每天早晨上班的第一件事情，不再是召开会议布置工作任务，而是集合全体员工，来到店门前的空地，进行舞蹈、早操活动。服务员对这样的活动还能接受，厨师们却带着诧异的表情，一脸的问号："杨总，我们真的要去做操，还要跳舞？"

杨志明微微一笑，说："为什么不去？每个人都去，包括我！"

果然，从杨志明开始，到店的经理，再到厨师长，以及不同资历的服务员，都穿上店里的工作服来到店门前，跟着音乐的节拍做起了动感十足的舞蹈动作。看到老板都亲自参与，几个有疑惑的年轻厨师也跟着节拍做完了操。

音乐一停杨志明就宣布，今后的每天早晨，都会进行类似的舞蹈早操活动。这既是为了帮助大家锻炼身体迎接工作的挑战，也是为了展示店面形象，形成集体的观念。

日复一日，很快，所有人都习惯了这样的早操锻炼。每天来到店面最早的人，会很自然地立刻换好衣服，将录音机提出来准备播放音乐。一套操做下来，人和人之间的关系拉近了，服务员可以点评厨师的动作，厨师们也会毫无顾忌地嘲笑厨师长动作笨拙……通过这样的活动，整个饭店员工内部的气氛一下轻松了不少。每个员工都意识到，在外界的眼中，自己和酒楼的品牌是融为一体的。

在早操结束以后，杨志明还会召开每天的例行晨会。这种会议以前是分为前场和后堂两处进行的，分别由大堂经理和厨师长主持。现在，杨志明要求放在一起进行，能够让员工更多地意识到整个饭店的工作环节都是分不开的，从而培养员工从更高的角度、更大的战略全局来看待自己的工作。

其次，杨志明着手让员工制订各自的工作目标。通过学习杨志明发现，目标激励是当时比较盛行的企业激励方法。根据这种方法，他要求员工根据近期、中期和长期的工作目标形成自己个人的目标计划。然后，将个体的目标计划结合酒店的整体计划进行集体分析解读。这样，员工就能清楚地了解自己在工作中应该做什么、近期应该完成哪些任务、如何看待工作量等等。

事实证明，经过个人对具体目标的规划设定，员工开始意识到其个人目标的重要性。他们的工作热情被激活了，不少员工开始主动克服困难、推进目标的实现。

再次，榜样的作用是无穷的。如果一个老板在实际工作中没有以身作则，就很难去真正激励员工。在这段时间，杨志明了解到西方集团管理的“走动理论”，即是提倡大企业的领导者应该充分深入一线去观察员工工作，解决实际困难。为了实践这样的理论，杨志明每天坚持去前场和后堂巡视，不断带动经理、服务员和厨师队伍积极学习业务、认真工作。

为了能在员工中产生更多有力榜样，杨志明还创办了“每周之星”的评比活动。通过评选活动，每周都选出优秀服务员和优秀厨师各一名，并将他们的照片悬挂在店堂的醒目位置。这样，优秀员工的闪光点，就能对其他员工形成模范作用，同时，这种成为优秀员工的机会每个人都有，也大大鼓舞了员工投身工作的积极性。

当然，只是依靠优秀榜样来带动士气远远不够。杨志明还制订了奖励政策，对“每周之星”员工给予物质奖励，如果能连续被评为“每周之星”，还能够享受带薪休假的奖励。这样，精神激励和物质激励相辅相承，才能真正调动广大员工的工作热情，让员工更杰出。

最后，员工的士气和对企业的情感是紧密相连的。通过对两家饭店的管理，杨志明发现，企业管理者与员工做好情感连接，员工就能够效忠企业，为企业带来更多经济效益。

拉近情感、鼓舞士气，这并不代表餐饮生产管理中不需要严格的制度和纪律。但事实上，餐饮生产更多是以手工操作为主的，同后来以智力型活动为主的电商企业经营方式相似，更需要重视和尊重员工自身的力量，更需要以人和人之间的情感进行投资。

为此，在杨志明的饭店中，一旦谁的家庭出现困难，杨志明总是第一时间去了解，积极帮助他们解决一些具体的困难。另外，他还要求饭店的管理层能够关心各自的下属，比如为每一位下属建立生日档案，而在他们生日当天，就能收到来自酒楼的一份贺卡、一个生日蛋糕，虽然看起来微薄，但许多员工都表示，这是自从工作以来第一次从工作单位拿到生日礼物……

通过对员工士气的提升的工作实践，杨志明逐渐形成了自己对员工士气的经验。后来，在转向电商业界发展时，他专门对这些经验进行整理，并发挥了重要作用。

杨志明认为:

第一，员工本身都是个体的人，他们中绝大多数都希望努力工作取得好成绩。但由于不同人的经历、水平、素质和成长环境等有所不同，很容易对工作有不同的认识;

第二，员工士气的高低，取决于他们关心的问题是不是能够得到解决。想要提高员工的士气，领导者必须学会站在不同类型的员工角度，去考虑他们关心的问题。

第三，大多数员工都希望企业对他们的管理有一定的连贯性，同时也希望上司值得尊敬和信任，并带有一定的亲和力。

第四，挑战性的工作对于那些追求高远的员工本身就是很好的激励，而物质激励可以提高员工的短期士气，但并不能指望物质激励来长期影响员工士气。

第五，如果企业中有随时邀请员工对管理方法发表意见、畅所欲言的氛围，员工就会主动提出看法，使企业内部逐渐得到良性改善。

带着这些经验，杨志明在餐饮界走入了第三个年头。随着生意越做越大，安华里小区门口的另一家饭店“大鸭梨”也倒闭了。杨志明的饭店正式成为这个商圈中的“垄断”企业。

“仁爱居”连锁饭店

“仁爱居”连锁饭店的开业，是杨志明在餐饮业取得的巅峰。也正是因为这样的成功，让他一度陷入了事业的迷茫中。

2008年，眼看着自己接连战胜了天宝酒楼和金百利酒店这两大竞争对手，但杨志明并没有舒一口气。他在思考更深的问题：“今天，我利用种种办法打败了原来抢据市场的领先者，但是将来再有一家企业同样想要颠覆我呢？”

如何让企业的优势继续保持？如何形成在餐饮业立足下去的基础？杨志明虽然冥思苦想，却始终没有找到路子。

一个偶然的机会，杨志明从一个经常来店里消费的大客户口中听说了“连锁经营”这个模式。这个大客户是某日化用品公司的营销经理，公司举行活动时，经常将用餐点选在杨志明的饭店。酒酣耳热之际，这位经理对杨志明提出这样一个问题：“老板，你的生意做得这么好，怎么不想办法开个连锁饭店？”

很多时候，聪明的人只需要一点就通。杨志明好像在黑暗中看到一丝光亮，很快，他就弄清楚了餐饮连锁的含义。

餐饮连锁，本质就是品牌扩张的过程。一家企业，只有品牌扩张了，才能具备更大的活动范围，更牢固的赢利基础。当然，品牌扩张的方法很多，包括运用企业品牌及其资本进行发展、延伸、推广、扩张，等等。但杨志明目前最容易做到的，就是进行酒店的连锁经营，找到新的商圈，然后打开连锁局面，在全北京范围内进行扩张。

杨志明欣喜地认识到，消费者在连锁饭店中的任意一家分店得到良好体验，就会对整个餐饮服务品牌形成正面的评价。而这种正面评价，能够进一步促进良好消费体验的形成，并影响消费者日后的消费行为。现代商业社会中的许多企业发展到一定阶段之后，就是由于积累了强大实力而形成显著优势。这样，企业就能够利用自己的资金、人力、经验和技术，去进行品牌扩张，走向连锁之路。

例如，中国著名的川菜品牌俏江南，正是通过其十余年的发展，最终借助不断连锁扩张而跻身于行业高端市场。可以说，连锁品牌的扩张，是一家企业实力的表现，成功的连锁模式，可以为企业带来巨大收益。

俏江南能做到，杨志明希望自己也可以做到。他立刻行动起来，开始筹备自己的连锁饭店。杨志明在筹备过程中了解到，餐饮连锁目前主要分为两种：餐饮直营连锁，即每个门店由餐饮企业总部全资或者投股进行开设，然后在总部的直接领导下进行统一经营；餐饮特许连锁，即特许企业的总部将自己的商标、产品、专利技术、经营模式等资源采取合同形式授予被特许者使用，而被特许者则需要支付相应的费用。

此时的杨志明决定，先走直营连锁的道路，将来做大以后，再走特许连锁发展的方向。

很快，一家新的餐饮管理咨询公司成立了，杨志明将这家公司命名为“野狼部落”。他希望，这家公司从领导层到员工，都能表现出十足的“狼性”，能够在自由竞争的商场中打出未来的天地。

随着该公司的成立，餐饮门店的品牌也正式成型。和大家商议之后，杨志明将门店品牌命名为“仁爱居”连锁饭店。如果说，“野狼”表现出的是企业积极进取、奋力开拓的精神，那么“仁爱”背后的内涵，无疑是企业做大道路中另一种不可或缺的元素——有了“仁爱”，才能谈到利益的共享、需求的满足，才能为更多的消费者带来满意的回报。

很快，两家直营连锁饭店在不同小区开张了。这两家连锁饭店都主打川菜，走亲民路线。不仅提供酒宴服务，还提供快餐，因此，生意一开张，就红红火火，超过了周边不少餐饮门店。

随着利润的不断增加，饭店的管理团队松懈下来。一方面，杨志明觉得生意上了正轨，不需要再投入过多精力；另一方面，杨志明手下的经理和厨师长也因为工资的不断上涨而自我满足起来。

一次，杨志明中午来到店里，前前后后都找不到大堂经理和厨师长。问了好几个服务员，都说不知道。最后，杨志明在角落的包间里找到了他俩。两人正喝得面红耳赤，看到杨志明，含混不清地喊了声“杨总”，站起身来要请杨志明入席。杨志明一来年轻，二来想到今天生意能做这么大，也离不开他们俩的功劳，于是便皱了皱眉，摆手走了出去。

没过几天，又发生了件让杨志明很不愉快的事情。这天上午，本来按计划要去分店的他临时来到总店，发现厨师长竟然不在，依然是前前后后都看不到人。问其他厨师，也没人知道，一气之下，杨志明拨通了厨师长的电话："厨师长，你去哪里了？"

电话里面，厨师长的声音听起来并不慌乱："杨总，我出差了，过两天回……"

杨志明觉得哭笑不得。厨师长哪有出差的？他真想马上就让厨师长走人，但想了想，厨师长都快50岁了，更何况，整个饭店的厨师大多是厨师长带出来的徒弟。就这样，杨志明只好委曲求全，没做处置。

经理和厨师长还是有所察觉，在餐饮圈子中，察言观色久了，老板的心思还是能猜到几分的。过了几天厨师长回来之后，就态度"诚恳"地向杨总道歉，说是家里出了点事，没来得及请假，必须回去一趟。这样，杨志明才算下得来台。

虽然经理和厨师长在纪律上比较随便，但他们的业务水平的确不错。加上杨志明对餐饮业越来越熟悉，因此，"仁爱居"的生意还是保持着很不错的水平。而就在此时，杨志明却进入了人生的一个低谷期，而这个低谷期的酿成和经理、厨师长二人脱不了干系。

自从杨志明两次差点翻脸之后，经理和厨师长的纪律观念稍微强了点，但在店里面，他们却搞起了另一套活动：玩纸牌。无论是中午休息时间，还是夜晚打烊之后，他俩都会带着几个外面的朋友，吆五喝六地耍起扑克来，而且下注还不小。

杨志明从小就很擅长打扑克。到北京之后这些年，始终忙于事业，从来没有沉溺其中，甚至连扑克都没有摸过。此时，他看经理和厨师长玩儿得高兴，禁不住他们的邀请也加入了牌局。一开始他是想通过游戏放松下紧绷的神经，拉近和下属的关系，但很快，扑克游戏就变了味儿——随着筹码的不断加大，游戏成了胜负随机性很强的赌博。在玩儿得最厉害时，一晚上输赢数万元对于杨志明而言也只是眼睛都不眨的事情。

就这样玩儿了几个月，杨志明渐渐感觉到不对劲，不仅自己赢得少、输得多，而且过去的锐气更是逐渐在丢失。生意上的事情他过问得越来越少了，似乎装修精美雅致的包间，不是为了给用餐的客人带来享受，而是为他沉湎纸牌游戏而准备的场所。杨志明告诫自己：玩物丧志！做生意，自己从来都是希望战胜对手的强者，现在，他最需要战胜的对手是自己。

因为有了这样的醒悟，当两三个月后，时间进入 2008 年时，杨志明和他的事业将摆脱既有的束缚和羁绊，拨开迷雾，重建希望。

FROM A COOK

TO A BIG SHOT IN E-COMMERCE

第四章

顿悟后的王者归来

天猫供应商大会的启发，抓住“趋势”与机会

小米手机的创始人雷军说：“站对了风口，猪也能飞上天。”杨志明也开玩笑说，就是因为自己当年站对了风口，把握住了趋势，让即使连发邮件都不会的他，也敢于立足互联网，成就了英特华的今日和明天。

“大风”在2008年到来。

这年初，一个偶然的因缘际会，让杨志明找到了新的事业起点。这个起点后来在天猫供应商大会上，转变为正式的“起飞”。

新年过后，杨志明的朋友邢妍打来电话。邢妍虽然年轻，却已经是一家音乐培训机构的老总了，前些年因为考试的事情和做图书的杨志明认识，两个人都很喜欢研讨生意和事业发展，因此成了好友。

在电话里，邢总问了问杨志明最近的生意情况，然后说道：“老杨，你那个饭店是在赚钱，但是你自己也要学点东西，怎么能天天玩？我上次就参加过美国BSE企业家商学院的课程，感觉很有收获。这次我已经给你垫钱报了名，48000元，在杭州上课。”

杨志明愣了一下，自从大学毕业以后，他从来没想过再进学校学习。

而48000元的课程费虽然对于今天的他不算什么，但究竟值不值这个价格，让他心里很没底。出于对朋友的信任，他没想太多，而是表示感谢，答应会准时参加课程。

挂上电话后，杨志明先是从银行转了48000元还给邢总，然后就准备动身去杭州。

其实，那时候的杨志明，对什么商学院、BSE，全都一头雾水。如果说他之前对商业模式、运营模式、利润模式有一些了解和掌握，也是在实践中靠自己摸索出来的碎片化经验，并没有系统整理过，也从来没有想过更全面地学习。而这次机会，将会对他未来创立英特华、改变个人事业走向，带来实质性的改变。

美国BSE企业家商学院，创立于1978年，是全球第一家专注于商业模式的国际商学院。在过去的数十年间，以迅速上升的速度，成长为世界最前沿的实战型商学院。这家学院从创立开始就抛弃了纯理论体系的学术研究，而是直接切入实践，研究和分析企业到底能够为行业、市场和社会提供怎样的核心价值。

而当时，将要为杨志明上课的则是企业管理专业博士、实践家教育管理集团董事长、Money&You专业讲师林伟贤先生。他既是一位拥有自己企业的企业家，也是拥有17张国际讲师证书的超级讲师，从他的课程中，走出的成功企业家已经成百上千……

然而，这些令业内人士艳羡不已的机会，对当时的杨志明而言是毫无头绪的。他只是带着一名司机，开着辆凯美瑞，一路来到杭州。

从来没有参加过商学院课程的杨志明，带着些许新鲜感走进了人头攒动的课堂。坐在舒适的椅子上，杨志明很随意地跷起二郎腿，很快和旁边的同学打开了话匣子。

“老板，做什么生意的？发财吧？”杨志明跟左边的同学说道。

“哪里，小生意，做物流的，每年营业额也就3个亿。”

杨志明愣了愣，没说什么，又向右边的同学问道：“老板，企业做的大吧？”

对面的人笑了笑说：“做点进出口贸易，没什么，也就5个亿而已。这不是想来充充电嘛。”

杨志明没想到，这里坐着的同学，无论其财富还是成就自己都无法相提并论，他略微尴尬地放下二郎腿，坐直了身体。正是从此时开始，他才意识到在商业战场中，仅仅靠自己的小聪明还不够，想要做大，必须不断地学习。

不过，杨志明很快在同学圈子里面获得了尊敬和喜爱。在这个课程中，为了激励学员们更好地投入学习，需要每个人交付2000元现金作为PK奖金，最终奖金会按照成绩分出档次返还。那些大企业家身上装的大多是信用卡，偏偏喜欢带现金的杨志明包里揣了2万元。他马上掏出这些钱，给身旁的同学们垫付上。到了分组的时候，杨志明自然成为一个学习小组的“CEO”。

数年后，回忆起此时的学习经历，杨志明还是带着谦逊的笑容。他承认，自己对于怎么做好一个学习小组的CEO懂得并不太多，无论是诸如“战略定位”“关键资源能力”“模式设计”这些专业词语，还是正规的企业组织结构，等等，都是他知识上的盲点。

为此，白天上课时，他积极在课堂上听林伟贤老师激情四溢的培训，逐渐清楚了什么是商业模式，怎样认识和实践商业模式，如何顺应趋势的变化来改变商业模式。而到了晚上，整个小组在做 PK 环节的项目模拟时，杨志明完全没了以前老板的架子，而是忙前忙后地复印、沏茶、削水果，等等，也从诸多企业老总的讨论中吸收到了许多新鲜的思维。

这段时间虽然短暂，却异常忙碌。大量新的商业知识接近饱和地进入杨志明的头脑，而他则如饥似渴地学习着。短短几周内，他的思维和视野发生了飞跃，而最现实的获益则来自对于餐饮业的全新认识。

杨志明后来总结道，21 世纪中国的商业竞争，其实早就进入了一个如雾霾般的时代。在这个时代中，竞争者经常看不清楚究竟谁是自己的对手，谁是衡量竞争成败的标杆，也看不清楚谁才是自己的合作伙伴，谁是自己需要逾越的障碍。结果，竞争者只能在自己原有的行业经验中去找标准和方法，在误区中越陷越深。

而这样的培训，实际上就是杨志明走出“雾霾”的开始。从他发现了自己对餐饮行业理解的失误，也更大程度地认识到行业和行业之间、城市和城市之间的差异。

这样的差异，最典型地体现在对商业模式的认识上。

在培训中，林伟贤老师针对餐饮行业指出，传统餐饮虽然有很大的利润空间，却有着很不利于建立强大商业模式的瓶颈。

中国传统餐饮难以标准化和程序化，而是讲究“手艺”。正如同再杰出的画家其作品水平也有高低一样，传统餐饮看重掌勺者，即产品生产者个人的经验、水平，想要将这样的经验水平传授给新员工，则需要大量的实践过程。因此，传统餐饮没办法做到像其他行业那样可以复制和扩大的商业模式，想通过单纯的传统餐饮来高效地获取利润、做大市场份额、提高品牌号召力，并非易事。

比如，杨志明目前这个饭店的生意，就不一定比得上加盟面馆、火锅之类的快餐生意。因为这种快餐生意一旦建立起品牌，就能利用其号召力不断吸引投资和消费，不断地获取利润。比起现有的模式，可能赚得要多得多。

但是，从目前的行业中跳出去，开辟一种新的商业模式，对于任何企业家而言，也都是不容易的。

这种不易，对于此时资金实力并不雄厚，在企业界人脉较少的杨志明而言，就更是难上加难。和身边这些动辄营业额数亿的老总相比，此时的他充其量只是刚刚涉足商海边缘的小老板。

杨志明的小组在 PK 过程中一路领先，而他作为组长，也拿到了小组全体奖金中 60% 的分成。毕业典礼上，几个美国职员将奖金从整个小组成员的头顶上倒下，红色钞票组成的瀑布，将杨志明整个人包裹在新鲜的感觉中。他暗自下定决心，一定要抓住学习带来的机会，改变自己。

短短几周的学习结束后，杨志明回到了自己的饭店。他看着依然沉浸在牌局中的经理和厨师长，再看看成天看似忙碌但其实没有追求的员工们，觉得曾经获得的利润和快乐是那么微不足道，而走向新的商业模式，起点就要从改变这群人开始。

说是改变他人，其实，也是杨志明对自己的改变。

在毕业典礼上，虽然他作为头名小组的 CEO 出尽了风头，但也有相当尴尬的一面。那是在典礼快结束时，主持人将话筒交到身为组长的杨志明手中，让他对全体学员说几句，杨志明根本就没想到还有这个环节，平时就稍微有点口吃而且不善演讲的他，此时更是不知如何是好，愣在原地将近一分钟也没说出来。最后，还是组员们拿去话筒替他解了局。

所以，杨志明就决定，从演讲能力开始改变自我，为下一步事业发展做好准备。从这一天开始，他每天中午和晚上不再是和厨师们打牌，而是将所有人召集在一起，为他们讲一些关于创业等内容的励志故事，然后大家分享一些感悟。

最初的时候，杨志明对这些故事根本记不住，只能将电脑打开，一边偷看电脑上的文字，一边照本宣科地读出故事。因为害怕故事中断，杨志明的眼睛经常都不敢离开电脑屏幕。好在毕竟是老板亲自来讲故事，员工们表现得也很配合，能够认真听下去。而杨志明在一次次讲述中，居然不知不觉地改掉了口吃的毛病，同时也提高了演讲能力。

不久之后，杨志明尝试着不看电脑讲故事，而是先将故事写在纸上，整理好自己的思路，然后再和员工们分享。

为了改变现状，杨志明必须让自己的知识不断更新，在接下来的日子里，他疯狂地喜欢上了学习，不断地阅读新的书籍充实自己。同时，他又利用业余时间，走访了许多企业，研究他们的商业模式；参加了许多课程培训，甚至让他的员工担心老板是不是“被洗脑”了。其实，正是在这样的过程中，杨志明对未来商业模式的创设，进行了许多设想和尝试。而后来，他开创英特华所展现出的商业知识和能力，正是在此时积累完成的。

功夫不负有心人，2010 年，依然在从事图书行业的妹妹带来了一个好消息：淘宝商城供应商大会要开幕了。

早在此前，随着淘宝等平台的兴起、网络支付手段的改善，网络电商的经营形式已经打动了杨志明。他也曾想过将自己的餐饮企业同电商相结合，但久久思考后还是觉得无从下手。后来，面对“雕爷牛腩”等采取了互联网营销模式而成功的餐饮企业案例，杨志明坦率总结说，当时自己还是吃亏了，吃亏在自己为思维设置了限制，只想到互联网和书籍的结合，却没想到结合餐饮，更吃亏在自己以前没有从事过互联网行业,没有应有的基础,否则,或许自己也能成就一个新的互联网餐饮品牌。

压力让杨志明再次面对选择，而他也摸清楚了潮流变化的方向：经过再三的调研和思考，他正式决定，围绕互联网，设计出一套图书业的商业模式，打造出图书行业的互联网企业。

为此，杨志明再一次前往杭州，实地去了解淘宝、了解阿里巴巴，并且参加了阿里巴巴召开的供应商大会。在这次大会上，他了解到服装行业中的代发货模式，即网店与加工厂进行合作，买家在网店下订单后，工厂直接将货快递给终端消费者。而当产品的销售达到一定数量之后，便可独立做成一个品牌，这样的品牌资源则可以归网店所有。

这样的 C2B 模式，得到了杨志明极大的认同，正是从这次大会上得到启发之后，他决定将这一模式借鉴到自己原本熟悉的图书业中，从而树立了“构建图书产业联盟，创新出版商业模式”的伟大宏愿。

就这样，重返图书业，并在不久之后进入图书业的互联网电商领域，成为杨志明的最终选择。

此时的中国互联网经济正在走向“第二代”，即娱乐消费型的平台。这个平台打造了淘宝天猫、京东、亚马逊、当当和后来的唯品会、聚美优品，也打造出在杨志明领导下的英特华——一个充满活力、希望的电商企业。

与其坐而论道，不如起而行之

2010 年，经过初期的了解，杨志明让经理继续掌管“仁爱居”连锁酒楼的运营，自己则干脆从餐饮企业的实际管理中抽身而出，开始潜心做打入电商的实践准备。

成立一家电商公司，需要找到实体办公场地来进行运营。杨志明知道，电商公司的办公地点，不能像饭店那样单纯看重人气，而要看重氛围，最好能够和“高科技”搭上点儿边。

经过选择，杨志明租下金隅国际社区中大约 170 平方米的一层办公用房。金隅国际位于望京成熟大社区的中心，交通便利，地理位置相当优越。更重要的是，整个望京社区有着相当发达的通信产业和互联网产业，包括 ABB、摩托罗拉、索爱、西门子、松下和微软等高科技企业的总部均在这个大社区中。而望京社区年轻人的活动也围绕着互联网等产业有声有色地开展。规划中的中国移动谷，同样位于望京社区中。

选择金隅国际，无疑寄托了杨志明投身互联网商业浪潮的美好希冀。

办公地点一定下来，接着的准备工作就紧锣密鼓开展起来。先是对未来的公司办公室进行了实用的装修，然后又购置了办公桌椅、电脑，开通了网络……随后而来的则是申领营业执照，等等。

一段时间的忙碌之后，英特华公司就这样在金隅国际社区正式由杨志明带领运作。

英特华公司的前身“博文育才书店”实际上早在 2002 年就成立了，2009 年这家公司被正式命名为英特华（北京）国际文化交流中心。英，就是群英荟萃、汇聚贤才的意思；特，即特别的领域中，有一群特殊的人才；华，意味着公司将要在中华大地上扎根发芽，绽放光彩。而英特华公司的英文名字是 INTELCHINA，意思就是互联网时代的中华大地。早在起名当初，杨志明就特意为自己未来的新公司起了这样大气的名字，寄托了自己对事业的美好希冀。

在杨志明正式入主英特华公司之后，人才招募也开始了。稍显尴尬的是，英特华人才团队此时相当单薄，用《沙家浜》中胡传魁的经典唱词“十几个人，七八条枪”来形容也不为过。除了老总杨志明，其余七八个员工，都是他从仁爱居饭店中带出来的年轻人，其中有服务员领班，也有厨师，用杨志明的话来说，这就是一帮“伙夫”。

一个做餐饮的老总，带着一帮厨房里的“伙夫”，想要做电商生意取得成功，似乎不大现实。杨志明也知道，只靠这些外行，的确不大可能顺利地开疆拓土。于是，英特华公司成立之后的第一件事情，就是挑选人才。由于公司太小，暂时没有办法吸引到有经验的互联网开发和营销人才，英特华招聘到的员工只是几个刚刚走出校门没多久的计算机专业学生，而由于能提供的工资有限，甚至连专业的美工人员都没有找到。

即便如此，杨志明还是不断地鼓舞员工，和他们一起着手淘宝商城的建店流程。

众所周知，后来改名为天猫的淘宝商城，是淘宝打造的较为高端的B2C平台。这个平台中整合了数千家品牌商和生产商，能够在商家和消费者之间提供有效的一站式解决方案，因此受到市场的重视，相比于普通的淘宝平台有着更好的声誉。杨志明之所以选择将店面开设在淘宝商城，也正是出于这样的考虑。

即便如此，无论是杨志明还是“伙夫”，又或者是刚从学校毕业的几名员工，没有谁真正进入过淘宝商城开店，有过网购经验的人都不多。大家只好埋头苦学，相互探讨，算是逐渐掌握了淘宝商城开店的步骤。

第一个步骤，是在淘宝商城上注册。先是用员工的个人名义注册了会员和支付宝账户，并利用邮箱进行了激活，这样，就算是获得了基本的资格；

第二个步骤，进行商家实名认证，通过在支付宝上实名认证，提交公司的名称、组织机构代码、营业执照号码、经营范围和公司地址，并且还上传了营业执照的副本扫描件，加上银行开户信息等等。这样，才能得到淘宝商城的审核通过，正式成为能够在其平台上经营的企业。

第三个步骤，通过学习《淘宝商城规则》之后的考试，才能和淘宝商城进行签约，其中还需要缴纳保证金和技术服务费、签署佣金代扣协议、添加品牌材料和邮寄各种材料的过程。

最终，初问世的英特华公司在经历过种种考验之后，终于顺利开业。这家新成立的公司终于在天猫商城有了自己的网店。

建店只是英特华公司开始运营的起步。杨志明马上就面临如何通过经营获利的压力。虽然杨志明对于传统的营销方式相当熟悉和了解，但在互联网经营方面，他则是绝对的新人。好在十来个员工都很年轻，接触互联网也快，短短时间内就抓住了网店运营的几个关键：首先是怎样利用搜索引擎来提高本店的关注量；其次是做好价格定位，即利用性价比高的产品做优惠活动；再次是做好不同书籍产品的人群定位，包括视觉上的宣传图片和海报等；最后，对产品的文字描述和图片描述也很重要，尤其是对于重点打造的“爆款”产品，描述要显得给力、清晰和全面。

为了能够在短期就做到一定的业绩，杨志明要求，对于新客户全部采用亏邮费式的销售方法，让产品销量能够迅速上去，这样，顾客才会买得舒心。果然，新门店虽然在邮费上亏了一些，但由于图书种类全、服务态度好，收到商品的顾客纷纷给出好评。

一个多月之后，英特华公司的网店业绩不断上升。而员工们也各司其职，从客服到管理员工，都兢兢业业地不断努力，打算将门店扩大成为足以支撑英特华未来发展的重要力量。

然而，就在这个节骨眼上，刚刚涉足电商的杨志明却要被电商所伤了。

那是一天晚上，杨志明出门和供应商谈完业务，本来想回公司再看看，突然想到今天是员工小赵的生日。按照他在饭店当老板时就形成的规矩，应该整个公司的人一起为他过个热闹的生日。于是，他来到公司聚餐的老地方。

推开包间的门，大桌子边围坐着公司的十来号人，桌子上放着个完整的蛋糕和大大小小的碗碟。每个人面前都放着红酒、饮料，却满满的动都没有动。看到他进来，大家有气无力地说了声：“杨总好。”

杨志明觉得气氛不对，便开玩笑说：“怎么，都没有胃口，非要我来敬酒？”

小赵哭丧着脸站起来，一开口，腔调都变了：“杨总，都怪我，出事了！”

杨志明非常纳闷，一边安慰他，一边让他坐下来慢慢说。

在小赵和大家七嘴八舌的陈述中，杨志明弄清楚了缘由。原来，按照正常的业务程序，今天应该一早就登录网店，然后进行正常的运营、服务和盘点。但是，从上午到下午，淘宝商城上他们的账户里却始终找不到原来的门店页面。后来好不容易打通了淘宝客服一问，对方给出的答案让人吃惊：你们的店面由于涉嫌抄袭他人图片，已经被举报删除了！

“怎么会抄袭他人图片？”杨志明纳闷地问道。虽然他平时也很关心店面的运营，但的确没有细致到去关注图片的使用。

小赵说：“杨总，我们没有专职美工，美工是我兼的。我又不懂，那次就用了另外一家图书门店的照片。结果，图片上面的水印都没有去掉……”

在小赵的解释下，杨志明这才清楚，盗用图片是相当严重的违规行为，在签署的协议中已经明确列出，淘宝有权直接关闭盗用图片的门店，不管门店业绩如何。

事已至此，杨志明知道，再怎样责怪小赵都没用。更何况，一家正规经营图书的淘宝专营店，却没有正经的美工设计人员，怎么说也不应该是下属的错，归根结底这个原因还是出在自己，身为老板，却对互联网业务相当生疏。

于是，杨志明安慰了大家几句，然后带着大家过完了这个生日。这一天，杨志明的情绪是复杂的，辛辛苦苦了几个月的门店说消失就消失了，却也不能表现出太多的难受。在酒席的最后，他带着几分酒意说："弟兄们，等着，我老杨很快就会东山再起，我要在海淀图书城包下整整一层，做实体的图书营销中心！"

“脑袋插进了马桶”

网店资源看起来很美好，但是，对于缺乏经验的英特华人来说，此时不可能一举成功。他们必须要百折不挠地获取新的资源，甚至用“喝酒跑业务”这样最原始的手段去寻找资源、说服客户。

其实，杨志明想要回归实体图书营销，并不是因为被“电伤”之后的一时冲动。在店面被淘宝关闭之前，他就觉得在互联网营销这一块，自己资历尚浅，资源也少，如果慢慢积累，发展速度则太慢。还不如利用自己过去渠道和客户两头的积累，重新再做一次实体图书营销的努力。

在杨志明的计划中，这一次的实体图书营销，未来是要和互联网模式结合在一起的。虽然具体怎样结合，他还并不清楚。但眼看员工们此时士气低落，必须及时给出愿景和承诺，让他们感觉有奔头、有指望。

杨志明的承诺，给了新生的英特华公司一个具体目标，也让员工们从负面情绪中走了出来。然而，员工们心里也清楚，英特华未必能很快实现这样的目标。原因很简单：杨志明的确曾经在海淀图书城租赁过黄金铺位做图书批发生意，但那已经是2002年的事情了。整整八九年来，杨志明几乎没有参与过他妹妹打理的图书生意，现在，他还能用当年的能力和勇气，在新的市场环境下做大实体的图书生意吗?

其实，杨志明对于这样的承诺心中也有些忐忑。他知道，今天的图书生意，已经和当年让自己赚得第一桶金的图书生意不能同日而语了。仅仅在北京，曾经风靡一时的第三极书局，就早在 2010 年因亏损数千万元而倒闭，2011 年夏天，在当时图书业界享有相当口碑的“风入松”书店，也选择关门停业。即使原本选择了较为高端的定位，通过店内环境、周边产品来提高书籍商品附加值的书店，如“光合作用”这样的民营书店，也正在走向失败的边缘。

杨志明仔细分析了这些书店的失败经历。他发现，在实体图书业界失败的过程中有着种种的客观原因。可以说，2011 年，国内的各大民营书店都不可避免要面临倒闭和关门的趋势。其中重要的客观原因来自两面：一方面，房租成本在不断地上升；另一方面，网络营销的新兴渠道在不断冲击实体书店。

这些客观原因带来的问题是现实的。书店想要开在人流量较大的地区，就要准备好充分的资金，为此付出高房租；而如果想要压缩房租来控制成本，就只能将书店搬迁到人流量稀疏的地区。

事实上，风入松书店的董事长就曾表示，书店的经营没有任何问题，只是因为周边商铺的价格在不断上涨，书店房租已经到达每月 5 万元的水平，资金上实在无法承担。同样，在上海，最大的民营旧书店小朱书店，也是因为拆迁带来的成本问题，而选择了关门停业。

比起房租的冲击，网络营销带来的冲击则更大。从 2010 年开始，已经有越来越多的消费者去电商平台购买图书。这一年，杨志明观察到一篇专业报道所给出的数据，这个数据来自图书市场研究咨询公司 Codex Group：在有过互联网购书经历的读者中，有将近 24% 的消费者承认，他们是在实体书店选中了书以后才上网下单的。而当年在全球最大的电商图书销售平台亚马逊网站用户调查中显示，有 39% 的该网站消费者是事先在线下挑选书籍的。

杨志明清楚地看到，这种“橱窗效应”让实体书店的营业额出现了大幅下滑。同时，网络书店在购书便捷性、超低的折扣以及限价抢购、节日秒杀和集体团购等活动上，有着让实体书店无法比拟的先天优势。从长远来看，网络书店的低折扣策略并不会改变，而杨志明想要做的实体图书营销，必须要改变经营策略，扩大赢利渠道。

另外，作为民营实体书店，在种种优惠政策上也难以和新华书店这样的国营企业享受平等待遇。新华书店全国是最大的国有实体书店，一直享受着国家所给予的减免税负优惠，县级以下的新华书店甚至可以免征增值税。而在一些城市中，新华书店的还可享受租金优惠……这些待遇，都是民营图书企业享受不到的。

对图书经营大环境有了充分的认识，才能找到有别于他人的突破口。经过深思熟虑杨志明发现，虽然实体书店受到网络经营渠道冲击较大，但实体书店并非没有失去消费者，无论是“光合作用”还是“风入松”倒闭之后，都有大量的消费者感到惋惜，还有人希望能够重建这些老书店。而且，包括租金在内的启动和运营资金对于他来说也不是问题，运营过程中自己的资金运作能力也足以保证现金流，而不会像某些书店那样发生断裂的危险。

剩下的问题，就是怎样搞到最好的货源。

货源对于实体图书的营销至关重要。这是因为图书品种的分类非常细致，可以高达几百甚至上千种，而每年大大小小出版社出版的图书也有着庞大的数量。当当、京东、亚马逊这些已经做成规模的电商平台，自然有着数量众多的出版社提供货源，因此能够获得产品种类和数量的优势，能够为用户提供更多的选择空间。如果民营实体书店没办法过货源这一关，就会被湮没在众多线下同行的竞争中，更不用说将来进一步结合线上模式向电商平台发起挑战了。

一般来说，图书订货的公开渠道可以通过每年的图书订货会进行。比如，每年在北京国际会展中心举行的图书订货会就是大多数线下书店的选择机会。不少实体书店都是直接参加这样的订货会，找到自己心仪的出版社，然后再联系到分管其书店所在地区的负责人，来洽谈购入产品的数量和折扣。

事实上，绝大多数私营书店都是这样做的。但这种通过市场公开渠道进行的订货方式，其缺点显而易见：每家书店得到好货源的机会几乎是完全等同的，要依靠自己的运气而定。更重要的是，这种通过订货会渠道来进行的订货，很难拿到对书店有重要意义的账期。这样，书店资金流动的压力无形中就增大了。

杨志明当然不希望这样，于是他想到了自己当年做图书时的一位老朋友，北京一家出版集团的重要领导。

在对这位朋友的拜访中，杨志明谈到想要将实体和互联网的图书营销结合起来，也列举出了目前环节中所面临的实际困难，并请求朋友出手相助：能每周邀请十名不同出版社的发行主任出来吃饭交流。

杨志明这一招是很对症下药的。出版社里面，不管是做编辑出身还是做发行出身，似乎都有着文人的“习气”。对于能够相处成为朋友的合作伙伴，一切都好说；而如果不能志趣相投，合作的事情就只能束之高阁。尤其对于主管发行的出版社领导们而言，在饭桌上谈妥生意几乎已司空见惯。

朋友很快表示了赞同。从这一天开始，杨志明就必须面对无休无止的“酒宴”生活。几乎每天，他都和新认识的发行主任们在酒店把酒言欢。酒桌上他们无所不谈，从国际时局说到娱乐八卦，从体育竞技说到旅游钓鱼，话题自然是按照发行主任们的兴趣点进行的。

这段时间，杨志明的酒量大大提升。后来在北京图书圈子里流传起一个说法，说杨志明的酒量在这些做图书的老板里是最大的，甚至日后同他对饮的人都会“畏惧几分”。杨志明对这个说法只能苦笑，当时为了公司的发展，不得不每天喝到呕吐为止，用他的话说，那段日子几乎是将脑袋插进酒店的抽水马桶里过来的！如果说自己有一点儿酒量，也是为了英特华的发展而不得不牺牲了身体的健康。

每天喝到昏天黑地的结果，是英特华在关键时期得到了充沛的货源输入——公司拿到了超于其他书店的货源保证。各种门类、各种风格的畅销书被源源不断地送到公司。不仅如此，正是在酒桌上，杨志明拿到了几乎每家出版社承诺给予的半年左右的账期。也就是说，从进货之后，英特华可以推迟六个月的付款时间。

不仅如此，当后来“图书库联网基地”项目启动之后，杨志明为了企业的发展，还是一家一家地和那些中小型图书营销公司的老板“喝”下去，直到说服了他们同意加盟这个项目为止。

有了货源，又有了加盟商，英特华公司从上到下都对未来有了信心。手头有货，还可以推迟付款，又有了加盟营销的企业，那么接下来，英特华就要考虑具体项目的启动，将这些产品销售出去变成利润。

中国图书库联网基地

2011 年 3 月 15 日，在杨志明向员工们做出“海淀图书城一层”的承诺之后没过多久，海淀图书城西大街昊海楼地下一层中，果然出现了一家“中国图书库联网基地”。而基地成立的背后，正是英特华公司全体员工努力的身影。杨志明用自己的实际行动向他的员工们证明，自己想要做的，只要努力，就一定能够做到。

“中国图书库联网基地”的诞生，得到了众多出版社的支持和协助，也得到了许多参与到项目中的客户的支持，这跟英特华公司上下对资源的努力整合是分不开的。这家基地的成立，经过了八个月的精心筹备，这八个月来，杨志明不仅利用酒桌上百折不挠的谈判获得了货源和账期上的保证，还利用自己杰出的商业眼光，看准时机，杀入海淀图书城。最终，他不仅获得了地下一层的运营中心使用权，还获得了在昊海楼中将近 2000 平方米的实体展示厅。

为什么杨志明如此青睐海淀图书城？这还要从他那一代人就根深蒂固的“海淀”图书情结说起。

海淀图书城一带，早先就是北京城海淀镇的繁华商业区。新中国成立以后，中国书店和海淀新华书店先后在这里开店。到了 20 世纪 80 年代改革开放之后，海淀图书城一带凭借其浓郁的文化氛围获得了迅速发展。1992 年，整个街区正式更名为“海淀图书城”。

作为整个海淀区最富有特色的代表性商业街，海淀图书城拥有 20 多年的历史，高峰时期，每天客流量高达数十万人。这里曾经汇聚了中国各地出版社的优秀书籍，是整个北京首屈一指的购书地点。1999 年之后，海淀图书城一度因为北四环路、中关村周边的建设而导致面积缩减、经营走下坡路。但随着后来文化创意产业的兴起，海淀图书城在 2006 年开始了大规模的改造，拥有了更新的特色商业街、更好的公共管理设施和服务。

海淀图书城既有着辉煌的过去，也有着值得期待的将来，因此，杨志明从一开始就希望将其楼宇中的某一层整体拿下来，作为图书资源整合的经营场所。

机会很快跃入了杨志明的眼帘。

杨志明看中了海淀图书城昊海楼的地下一层，这里原本经营的是“国林风”书店。这家书店曾经因为良好的环境氛围、优秀的产品吸引过众多爱书者的青睐，但此时，由于无法承受与国营书店竞争的压力，已经停业将近大半年了。而在杨志明眼中，这家书店留下的则是一个大好机会：几百万的货架、几十万的装修，都可以通过租赁的方式直接拿下来。

眼看 2012 年年初的图书订货会就要进行，杨志明带着些许紧张，找到相关人士洽谈房屋使用权。

没想到，谈判的阻力很小。对方听说杨志明也是做图书的同行，几乎没有列出什么苛刻的条件。很快，双方两年的租赁协议就签下了，租赁期从 2012 年 5 月开始。虽然如此，这也使手头只有百万元现金的英特华公司感到不少压力：9 万元一个月的房租，一次性交纳半年，就需要 54 万元，再加上 9 万元的保证金，以及购买图书库存管理系统和组建更大的员工团队……公司账面上的现金已经捉襟见肘。

唯一的好消息是，由于有了之前的努力和现在的场地，更多的图书货源已经络绎不绝地进入海淀图书城地下一层，进入了这家后来成为“中国图书库联网基地”的经营场所中。

说起打造“中国图书库联网基地”，还是来自之后杨志明对英特华的经营实践。一开始，他并没有清晰地找到互联网和线下图书产业的结合点，而是在不断地发展过程中，通过对市场的了解，才寻找到图书营销过程中最需要解决的矛盾，并抓住线上和线下进行结合的核心。该基地项目的启动，是为了能够更好地服务于不同的出版社和发行机构，也是为了更好地服务于网络图书经销商。

直到目前，许多出版社和出版发行单位，都有大量图书积压，这些库存图书并不是因为质量低劣而导致无人问津，也并非完全由于市场饱和供大于求，而是因为这些图书没有得到足够的空间去展示和推广，所以造成长期积压的被动状态。正是在这种形势下，中国图书库联网为适应图书市场顺势而生。杨志明希望通过这个项目，让英特华集团成为图书营销市场中的一股新鲜力量。

果然在 2011 年，“中国图书库联网基地”势不可挡地成长起来。和海淀图书城楼上那些还在卖教材、卖自考培训资料的小店相比，这家位于地下一层的书店显得要热闹许多。

通过杨志明得努力，海淀图书城在一定意义上成为了所有网络营销渠道平台的实体仓储和展示场所，以 O2O 模式的气魄，投身到不可逆转的电商趋势中。

“库联网”项目，顾名思义，是图书数据库的联网。任何一个行业，数据库联网都是不容易的，这需要良好的操作系统，也需要大量数据库的支持和连接。而英特华公司想要做到这一点，更需要建立一种全新的、能够展示出充分吸引力的商业模式，去吸引更多的用户和合作者加入数据库联网。

这种数据上的联网，正是杨志明所强调的“成功基因”。电商企业想要做成功，必须看其有没有成功的基因，而其中最不可或缺的，当然是互联网基因。

杨志明说，互联网基因也好，资本运作基因也罢，都可能是其他行业用过的或者正在用的，但更可能也是你身处的行业中没有人做过的，如果是这样，你要做的就是有坚定的方向和明确的勇气，能够找准行业外学习的对象，看准他们都在如何利用成功基因，然后将这样的基因复制到现有的行业中。

在“库联网”项目中，他运用的正是数据库联网这样的成功基因。经过一年多的艰苦努力，最终，这个项目还是如期完成并顺利运作了。

英特华公司这样表述其“库联网”商业模式：

“库联网基地”能够为众多图书电子商务平台提供集中的采购、集中的物流和集中的培训等一站式综合服务机构；

“库联网基地”可以运用科学和规范化的经营与管理，推动图书行业逐渐转向渠道扁平化；

“库联网基地”能够实现图书不同新旧品种的准确定位，从而实现图书品种资源的最优化配置，实现图书提前预订、集中采购、节省开支，起到积极促销的作用；

通过内部数据库资源的整合，以及外部出版社等机构核心资源的整合；通过展示推广，为出版社消灭长期积压的库存；通过集中采购、仓储配送等服务，为出版社增大图书销售份额，从而实现增量的目的。

为全国网上图书零售商提供优质、快捷、全方位的一站式服务，探索图书行业发展新模式。

而在库联网基地这一模式于海淀图书城运行了一年之后，就有资深观察员对其商业模式进行了精妙的总结，并列举出了“中国图书库联网基地”能够带来的利益和价值：

首先，“库联网基地”一反之前的营销模式，不是盲目模仿前人脚步去开网络书店，而是将网络书店变为自己的客户。杨志明精明地看到，正是当当、亚马逊和京东这样的电商平台，抢走了传统书店的饭碗。这样的趋势是未来的一种必然，而顺应这种必然最好的方式，则是将主导未来的电商们变为英特华的客户。在“库联网基地”项目过程中，由于能提供少量书籍缺口紧急补货上的充分优势，大量上述平台上的中小网络书店就成为整个项目的客户。而英特华也能从对其供应的过程中，获得不低的溢价利润。

其次，由于“库联网基地”所拥有的地理位置优势和海淀图书城带来的品牌优势，再加上杨志明利用自己的人脉，能够做到大量地和出版商签约进货，并延长账期，尤其是能大批量低价引进各种教辅和自考书籍。利用这种和出版商及供货商谈判的优势，建立了英特华公司在该项目上的核心竞争优势。

再次，通过招商加盟的方式，英特华不断吸引网络书店，加盟到“库联网基地”所制成的营销体系里。利用其数据库资源整合之后迅速、完整和系统的特点，扩大网络书店的持续购买需求，并满足这样的需求，从而做到保证自己身为平台提供者在风险上的最低。

最后，“库联网基地”项目还将历史悠久的海淀图书城打造成了英特华公司在实体仓储、运营实力等方面的综合展示场所，这样，既很好地利用了图书城的历史影响力、权威地位，带动了海淀图书城的“青春焕发”，同时也更好地增强了英特华自身招商加盟的说服力，可谓英特华和海淀图书城的双赢。

能够获得这样的成功，杨志明和他的团队成员付出了巨大的辛苦。其实，外界所看到的毕竟只是冰山一角，“库联网基地”虽然发展迅速，却有着不少曲折，甚至存在公司内部意见的分歧和对立。

时至2014年，站在今天英特华的成就上回首当年的艰辛就能看出，“库联网基地”项目发展过程中最大的困惑，在于其发展速度和质量的矛盾上。

发展速度与质量的困惑

2011 年，在建立了“中国图书库联网基地”项目之后，英特华的发展速度逐渐加快了。由于洽谈好了出版社和账期，一批批的图书发到公司的库房中。由于吸引了加盟商，企业得到了不少终端渠道，却也带来了陷阱。

“库联网基地”项目一开始，杨志明对做图书销售的思维，还没有走出图书电商巨头规划出的圈子。这从英特华打出的广告语中就可一窥端倪：“品种全、折扣高、发货速度快！”

在这样的广告语背后，英特华还是将自己定位成为电商零售平台的服务者，希望用更低的价格和更全的品种，为加盟的客户做好服务。当然，在加盟形式上，英特华还是走出了一条和之前其他图书电商巨头不同的路子——想要接受英特华的服务，想要看到英特华高达 30 万种图书产品的数据单，会员商必须首先交纳 5000 元的预付款、5000 元的保证金。然后，英特华才能开通权限，允许他们进行合作。

或许这样的条件看起来比较苛刻，但当时英特华的确利用传统的业务员推销方法，加上杨志明在酒桌上的拼命精神，拉来了将近100多家企业进入到到英特华的服务平台中，预付款收入达到100多万，让初创的英特华获得了很好的资金流。这样的传统模式，杨志明玩得何止是顺手，简直是娴熟！但是，其背后还是抹不去的传统思维。

在拿到上百万元的预付款后，杨志明第一个发现了问题：当时，由于英特华本身的产品库存还不够多，同人天书店、台湖国际图书城等合作商之间还有着产品数据的共享。但问题是，这两家都是以批发和馆配书产品为特色进行经营的，他们的数据系统更新速度，比不上英特华会员客户下单的速度。这样就很容易出现数据系统上明明有产品，而库房里却调不到货的情况。

杨志明很快意识到，这种情况正是传统商业思维没有跟上电商发展形势而导致的。

而且，根据对产品销量的分析，杨志明发现，英特华虽然有很多的图书品种，但真正销售出去的却不多；看上去销路较好的产品，实际上却来自人天书店、台湖国际图书城这些供应商。这样，英特华就成为“为他人做嫁衣”的中间商角色，何况这些供应商的账期也很短，利润和资金流都谈不上明显上升。

但是，箭在弦上不得不发，英特华已经开始发展，不可能就此停下前进的脚步。随着会员客户数量的增加，杨志明决定，将保证金和预付款提高到10000元。

这样的举措，杨志明和主管运营的下属发生了意见上的矛盾：杨志明觉得，企业应该注意转变思维，但想要发展，必须要输血，必须要得到现金流；而下属却觉得，现有的传统服务模式有问题，必须要停掉，并开始转变。

经过一段时间的讨论和研究，英特华明确了之后的方向。一方面，继续提高会员客户的准入价格；另一方面，杨志明和下属们开始研究目前模式的问题。的确，这种模式下，矛盾会不断积压，最关键的问题在于，英特华目前的互联网运营知识不够完整全面，无法为不同的会员营销商提出具体的指导建议，而且货源也不算稳定，只要某个环节出现断裂，就容易引发企业整体运营的崩盘。

意识到这样的风险，杨志明决定再次试水，将已经有了充沛活力的英特华推向电商的前台。2011 年 6 月，英特华在天猫的正式网店“月朗风清图书专营店”上线，这是自杨志明被电商“电伤”后的又一次尝试。但这次网店的运营经历相当顺利：第一个月销售额就是 19 万，第二个月销售额是 63 万。

即便如此，英特华还是面临着很大压力。由于出版社的账期已到，英特华自己的销售额却不够，根本无力支付出版社的应付账款，只能选择延长账期。这一段时间对于英特华人来说，的确是相当煎熬的。但无论如何是不能选择退货的，一旦退货，就会面临将来没有供应商的可能。

于是，杨志明只能带着自己的下属，去出版社一家家登门道歉：“我们刚刚做，经验还不足。”“销量提升慢，真是不好意思”……

好不容易获得了出版社的谅解，杨志明痛定思痛，决定全面融入电商思维。杨志明认为，自己之前的商业模式，对于“库联网”这样的平台和其中加盟的经销商有着太多依赖，虽然赚到了钱，却牺牲了英特华自身的发展质量。为此，英特华的发展重心必须转为自营网店，先让自己变得强大起来，然后借此去吸引更多的网店来和企业结盟。

同时，为了解决现有加盟商的后顾之忧，杨志明特地邀请来那些加入平台的加盟商老板，并开诚布公地解释说："现在，英特华并没有很好地为大家做好服务，不少原先承诺的标准也做不到。作为企业领导层，我们已经意识到了自身的问题。所以，英特华日前正在积极寻找专业人士去学习怎样做好电子商务。如果大家以后还意跟我做，那么即使现在的服务做不好，我们也一定会在未来提供更好的服务，来作为补偿。但如果大家想要退出，我们也不会强求。"

这番话背后的坦荡、真诚和睿智，让大多数加盟商还是坚持跟着杨志明走下去。

随后，2011 年 7 月，昊宇轩图书专营店上线；2011 年 8 月，梦在书乡图书专营店上线；2011 年 9 月，英特华的单店图书销售额突破 100 万；2011 年 12 月，仅在英特华进入电商平台开展营销之后半年的时间中，图书总销售额突破 1000 万……

2012 年 12 月，英特华 26 家天猫商城当年销售额达 1 亿元；2013 年，英特华全年图书销售额超过 5 个亿，预计 2014 年将达到 15 个亿。

事实证明，英特华终于凭借努力，做到了速度和质量的兼顾。

之所以做到这一点，很大程度是因为企业在相关运营人才的管理下，学习到了从"淘宝"平台中产生的"打爆款"的营销策略。

做过淘宝网店的商家几乎都知道，"爆款"是淘宝卖家中比较热门的推广手段，淘宝商家通过打造"爆款"，吸引流量和提高转化率。

在网店的运营过程中，英特华团队的思维也迅速从传统时代走向电商时代，下面这个案例正是这种转变的见证。

在“打爆款”的过程中，2011 年 10 月份，一套人民出版社的书籍被定为公司在网店的主打产品。但是，这个产品的关键词在“淘宝直通车”上的竞价太高了，被抬到了点击一次需要收费 20 元的价格。

业内都知道，在淘宝和天猫平台中，“淘宝直通车”是一种很有效的营销工具。通过使用“直通车”，可以在淘宝网上用图片和文字的形式展示卖家的产品，而每件产品最多能够设置 200 个关键字，卖家需要针对这些关键词进行定价，并看到这些词在淘宝网上的排名，最终按照关键词的实际点击次数来付钱给阿里巴巴公司。

但是，对于那时急需现金流来支付货款的英特华而言，20 元一次的点击费用无异于天文数字。

好在杨志明很快发现，如果将这套书籍的书名中某个字故意写错，再去进行“直通车”竞价，则点击一次只需要 0.25 元。

这样的价差无疑是最好的成本压缩空间。

于是，英特华果断拍下了那个错别字书名作为关键词。果不其然，由于输入法的问题，许多购买者在淘宝平台搜索时，总是会无意间将书名写错，然后进入英特华的网店。最后，英特华的销量成为该套书籍全网络第一，每个月的销售额是 150 多万。三个月下来，将近 500 万的现金流注入了英特华。

就这一套书，将英特华的资金盘活了。

通过这次案例的成功，用事实证明了互联网思维是具有颠覆性的。

在传统思维中，一个能在广告中将书名都写错的实体书店，几乎是要被消费者的嘲笑淹没的，更不用说销量了；而在强调时效性、互动性、代入感、体验感的互联网营销中，书名写错，有可能就是你走向销量宝座的通道。这样的道理，深深影响并改变了英特华人的经营思维。

有了资金，有了思维，英特华开始全面改变模式特点，转变运营方向。此后，他们不再像过去那样从出版社盲目进货，而是将目光首先放到热销书籍上，用杨志明的话说，就是抓住消费者“脑子里面可以记下来”的书籍。拿下这些书籍的销量，然后再用这些爆款书籍去引入流量，购买其他书籍，就能从整体上带来英特华销量的提升。

可以说，实现这样思维转变，本身是痛苦的过程，但也同样是快乐的过程。在这样的成长过程中，英特华变得比之前更加成熟和稳定。

当然，发展速度和发展质量的改变，同时也体现在企业硬件系统的升级过程中。

在“库联网”项目建立之初，英特华集团就有了自己组织技术人员研发的 ERP 系统。然而，这个系统的表现并不完美。

所谓 ERP 系统，是指能够建立在信息技术基础上，利用系统化管理思想来为企业的管理决策、员工的具体执行提供手段的管理平台。这种系统的效率高低，将会直接影响到一个企业运营效率的高低，更不用说“库联网”这种对数据联网要求极高的项目。但问题偏偏就出在 ERP 系统上，在使用一段时间后，许多员工发现，系统出现问题的次数越来越多，而杨志明等企业领导也发现，工作中一出现问题，就会被推到 ERP 系统的问题上。显然，这样的系统无法承载企业发展速度和质量的需要。

为此，英特华集团放弃了原先的这个系统，而是另外寻求外部技术力量并打造出新的 ERP 系统。新系统的正常运作，确保了项目的正常运转。

从这开始，英特华上下完全明确了这样的事实：必须要将发展质量和发展速度均衡起来，才能获得项目的全面成功。

“十八招”的全面践行

“库联网基地”项目的成功，意味着英特华开始进入迅速的成长过程。正是在这个过程中，杨志明的“十八招”开始全面践行。

当企业经过艰苦的磨合期，商业模式变得足够稳定、利润在不断提高的同时，杨志明却依然保持着充分的清醒。他知道，想要让英特华获得更多的运营模式，掌握更多的“招数”，就必须去观察那些目前更为强大的企业，观察他们是如何看待现有模式和市场的。

杨志明将目光投向马云，此时，正是马云带领淘宝、天猫占领了电子商务 60% 市场份额的时期。在这种情况下，马云及时提出了“熵值”和“菜鸟”的论点。

所谓“熵值”，是借用物理学中的定律，描述一个企业从无到有、从小到大的发展过程。企业的“熵值”意味着其中个体员工能力的总和。那些成功的企业，之所以可以延续上百年，是因为它们能够在“熵值”转化之前，就进行及时的自我颠覆，然后把“熵值”持续保留下来。否则，就必然会被他人的企业颠覆，拿走整个企业的“熵值”。

而“菜鸟”的论点则更加明确，马云说，自己刚刚做互联网电商的时候，很多人都说他是一只菜鸟，但正是因为自己和马化腾、李彦宏这些“菜鸟”，才能有现在的互联网经济。因此，他认为企业家应该保持“菜鸟”之心，才能对社会有敬畏之心，对未来有敬畏之心，才能不断勤奋、努力、学习下去。

对马云这种观点，杨志明也有着相同的感触。他更结合自己观察到的诸多商业实例，将任何企业的发展期间分为四个阶段：创业期、高速发展期、成熟期和衰退期。

在杨志明看来，企业四个阶段中最好的阶段无疑是高速发展期，在这个阶段中，企业中团队士气旺盛，人员齐整，并能够表现出最高的执行力。因此，杨志明决定采取不同的方法，让企业始终处在高速发展过程中。

为了让企业能够得到更多的发展期支撑动力，杨志明为英特化设计出了一系列模式，这些模式并不完全是战略上的商业模式，也包括营销模式、管理模式，等等，杨志明为其命名为“十八招”。这“十八招”包括：打劫模式、颠覆行业模式、苏宁类金融模式、免费模式、开门模式、前店后厂模式、沙龙模式、商学院模式、颠覆竞争对手、以物易物模式、客户变代理商模式、破坏模式、引领模式、收购模式、跨界模式、圈子模式等。

虽然运用“十八招”对于英特华的成长非常重要，但“十八招”的使用，是建立在企业能够对趋势准确地把握和判断上而产生效果的。如果不能将趋势转化成为企业面前的机会，“十八招”也就谈不上准确使用并创造价值。

英特华是如何结合对趋势的分析和认识来使用“十八招”的呢?

首先，英特华在践行“十八招”时，研究出社会趋势、产业趋势和行业趋势的具体走向。

做任何企业，都要从社会的广泛范围入手，着重研读中国大环境的变化，看准国家政策的改变，并进一步看到产业的变化，细化到行业的改变。否则，就无从去践行类似”十八招”的种种运营模式。

其次，要清楚判断趋势是不是机会。

杨志明曾经举过阿里巴巴的案例，和不少认为马云是幸运者的观点恰恰相反，杨志明多次说过，电商的确是趋势，但阿里巴巴并不完全因为掌握了趋势就能够成功，而是因为他们准确地站到了趋势所提供的机会中。同样，英特华也能看到更多未来的趋势，但并非每一种趋势都是今天的机会，也不是每一种趋势都值得使用“十八招”。

下面的这些方法能够帮助企业家判断面前的趋势，是否可以转化为使用“十八招”:

第一，看发达市场是否值得借鉴。包括国外在内的发达市场、领先企业，是否已经对某种趋势进行了重点研究分析、是否已经从这样的趋势中寻找到了机会进行试探，是企业家去观察趋势的借鉴重点。如果能够通过发达市场的变化看到怎样借鉴，就很有可能找准机会，因时而动。

第二，看趋势是否为长期。只有出现一定时间并不断持续的趋势，才能从中发现重要的机会。而很多宛如昙花一现的所谓“趋势”，有可能根本不是趋势，也有可能只是未来趋势刚刚出现的征兆，并不一定能为企业带来新的发展机会。

第三，看趋势带来的增长速度是否足够快。如果真正把握到趋势中的机会，企业应该获得较高的增长速度，足以确保超过其他的竞争者。反之，如果企业并没有从趋势中获得应有的成长速度，企业家就应该相信，这样的趋势还不足以为企业带来他们所需要的机会。

第四，看面对趋势时，企业上下员工是否有足够的认知基础去面对机会，而不是需要企业领导者不断进行教育。这是因为，一旦趋势中的机会充满价值，能够为企业带来迅速的变化，那么员工就会很快在现实的变化中看到企业的不同，从而产生改变态度的连锁效应，顺应趋势的变化。反之，如果需要企业家不断教育员工认识其价值的趋势，其中能够把握的机会空间也就不大了。用杨志明的话来说："真正能够产生的机会，就是他人已经用来教育了整个市场的趋势，而把握机会则是为之添上最后的一把火。"

第五，是否能够从趋势中找到方便转化的老品类。很多机会都来自对老品类的颠覆，来自对既有品牌的"打劫"。如果发现不了这种进攻的对象，企业对趋势的把握将会缺少明确的着力点，导致企业错失对机会的发掘和利用。

第六，是否能够利用企业的资源整合能力。当企业的资源整合能力可以应对趋势中的机会时，这样的机会对于企业来说才具有实际利用的价值，否则，趋势中隐藏的机会对于企业来说很难变成整体利润的增长。

第七，使用"十八招"，必须能够做到在趋势上的虚实结合。

"十八招"的综合使用，并非仅仅是战略上商业模式的建立，也不仅仅是战术上运营模式的建立。使用“十八招”，意味着能够“虚实结合”。

所谓“虚”，即在使用“十八招”过程中，着眼于围绕大趋势建立渠道、打通市场、获得份额等目标。围绕这些目标去使用“十八招”，就意味着企业不仅是为自己的利润在运营，更多是在价值链上能够为上下游合作者提供利益。这样的“务虚”，将能够打造英特华和更多合作者的共赢，将英特华不断变成新商业模式的中心。对于这种“虚”，杨志明将之称为“为产品提供渠道”——企业有产品，则为其使用不同的方法提供不同的渠道，为企业创造价值。

所谓“实”，即在使用“十八招”过程中，着眼于推出产品、提供咨询服务、推出大数据信息库等实际的行为。在提供产品或服务的过程中，结合“十八招”的使用，让英特华集团成长成为更多企业、更多渠道带来新内容的供应者，并将这样的供应源头不断做大和做实。这种务实，杨志明将之称为“为渠道提供产品”——企业有渠道，则为其从不同的源头提供不同的产品，为企业创造价值。

“十八招”，是杨志明在英特华集团发展过程中综合形成的模式构建和运营方法体系。这些战略和战术方法体系，不仅适用于英特华自身的发展，也同样适用于更多企业的发展。相信在未来市场的检阅中，“十八招”将带来更多的胜利和辉煌。

FROM A COOK

TO A BIG SHOT IN E-COMMERCE

第五章

迅速崛起的秘密武器

各种资源的整合

英特华成长的速度是惊人的，短短三年内，资产几乎从白手起家达到了 5 个亿。在这样的过程中，杨志明领导下的英特华人，表现出了强悍的资源整合能力。

这种能力来自对时代特点的明确。杨志明一再告诫自己，同时也告诫下属：这是一个“打劫”的时代。

“打劫”，这个名词乍一听让人觉得匪夷所思，但细细一想，却有着相当深厚的内涵。

早在 1982 年，乔布斯给他的麦金塔电脑小组写下了这样的话：“干海盗强过加入正规的海军，让我们一起当海盗吧。”为此，他还在自己的办公室里面扯起了一面画有黑骷髅图案的黑色海盗旗，然后给每位新员工发了一件海盗衣服。他告诉他们：“忘掉一些规则，尽可能用最极端的思考方式来思考。”

事实证明，“海盗精神”所主张的颠覆精神，改变了苹果公司，也改变了世界。这种颠覆，意味着不断地创新，不断地探索未知，不断地获得新的资源。

经济学家杰伊·巴尼将企业所需要的资源定义为要拥有资产、知识、信息、能力、特点和组织程序等等，并且可以分类成为时间、空间、实物、人事、组织等种类。但不管怎么分类，“巧妇”都“难为无米之炊”，再好的企业也要有资源。一家企业只有得到了自己需要的资源，才能在市场竞争中生存和发展下去，就像原始森林中位于食物链中某一环的动物，如果它无法通过自己的努力得到食物资源，最后的命运就只能是被淘汰。

在杨志明创业的时代里，“打劫”模式是靠一个理念就能获得资源的。然而，社会在进步，时代在发展。在这个信息爆炸的时代里，每个企业都想赚钱，每块市场都已经有人涉足，每一种资源都在被整合的过程中。比如一个还没有降临人世的胎儿，就已经被定位为婴儿奶粉的客户，营销从医院妇产科的疗养病房就已经开始，而直到一个人生命终止“走”进墓穴，营销依然没有结束，因为炒墓地的利润要更高！

于是，杨志明用他敏锐的商业直觉、丰富的市场经验发现，在这个年代，任何企业都不可能完全占有产品和服务、营销渠道和营销目标、乃至商业模式等资源，任何企业也不可能像他当年那样轻松获取利润、独占市场。换言之，每块市场中的“地盘”都是有主的！如果你想要拥有新的市场，除了以“劫道者”的野蛮形象”登上舞台“之外，恐怕别无他法。

事实上，杨志明带领英特华人走上的电商平台，本身就是“打劫者”的“乐园”。在电商发展的道路上，抱残守缺者纷纷倒下，只有“打劫者”才能站起来、走下去。

后来全国范围内风起云涌、不可遏制的电商大潮，早在杨志明起步做图书电商时，就已经初露端倪。而杨志明对此进行的观察，比其他人更为全面和深刻。

早在 2006 年年初，按照中国互联网信息中心 (CNNIN) 的统计报告显示，中国的因特网上网用户已经达到 1 亿人以上，而其中有相当一部分是电子商务消费者，更多人则是潜在的消费者。与此同时，全球电子商务在交易额上也呈现迅速上升趋势。

面对这样的数字，杨志明不可能不心动，他虽然不从网上购物，甚至不发电子邮件、不上网聊天，但他从身边众多亲友、下属的网上购物体验中看到，电商增加了交易的机会、降低了交易的成本，提高了交易效率，同时简化了交易流程，从根本上改变了传统交易的模式。

在这样的冲击下，传统商业贸易的参与者发现，手中的蛋糕正在被电商参与者迅速“打劫”。短短几年后，天猫和淘宝靠一天“双十一”的抢购活动，就达到了 350 亿元交易额的天文数字，“劫”走了中国全年日均社会消费品的一半。马云也在记者面前略带骄傲地抛出了“狮羊论”。他说，电商对于传统商业生态系统将会开展革命性颠覆，就像狮子吃掉羊。

而早在英特华起步的时候，杨志明则已经从整体环境的发展中看到了电商对企业而言的重要意义。不仅如此，他总结出了更实用的方法，也就是日后支撑英特华起家的“打劫”模式。

他首先带领英特华人确认，电商不是做与不做的问题，而是怎么做的问题。为了说明这个道理，他向下属们举了一个最“残酷”的例子：在数年前，他参加过一次电商商业知识培训，一位上了年纪的专家学者上台侃侃而谈，说了关于电商重要性的知识和理论，台下一片安静，甚至有企业家后悔没有早点了解电商；但两年之后，在另一次论坛上，还是这位学者上台讲授，结果原定40多分钟的讲课，在30来分钟之后就被骚动的听众们搅得草草结束。原因很简单，电商的重要性已经不言而喻，人们想知道的是，如何才能“打劫”到更多的渠道和客户，怎样“打劫”到更多的市场份额和利润数量。

一则寓言足以说明电商平台上“打劫”的特点：甲乙二人去森林郊游，忽然远处走来张牙舞爪饥饿难耐的熊。乙吓得不知如何是好，甲却开始埋头整理鞋带。乙不解，觉得再怎么跑也很难跑过熊，但甲说，我不需要跑过熊，我只需要跑过你。

同样，作为“电商”平台上的“打劫”者，英特华的目标不是去“打劫”所有的实体经营者，因为实体书店已经在电子商务的冲击下日渐式微了。对于刚刚进入电商的英特华而言，他们需要做的是从直接竞争对手的手上进行“打劫”。正如大英帝国的崛起一样，他们不需要远赴南美去和拿着投枪的印加帝国士兵作战，只要去攻击满载金银回到欧洲的西班牙人就行了。

“打劫”那些“打劫”者！杨志明为英特华指出了未来发展的方向。

但是，电商平台在中国的发展，最早从1999年的中国易趣网成立就开始了。当英特华进入这个平台之后，面临的局面相当严峻。此时，电商平台中的价格战烽烟四起，各路豪强鏖战正酣，消费者选择电商购买产品的理由也相当单一：低价！因此，选择此时进入电商平台，就注定了英特华面对的厮杀迅速开始。

商业圈子中的不少朋友告诉杨志明，电商不好做，价格战更是难打。就算价格战能够勉强支撑下来，线上线下不同的营销模式也会产生相应的问题。有位企业家就曾经纠结地和杨志明商量：在淘宝上到底怎么做促销活动？如果做价格战，线上的生意是上去了，可线下的 400 个实体店铺怎么办？线上线下的这种矛盾，怎么解决？

吸取类似的经验教训，与同行进行分析探讨，在这一轮轮的“头脑风暴”中，让杨志明感到受益不小。而他为英特华准备的“打劫”模式也逐渐成熟。他相信，如果能够实现线上线下的共同繁荣，能够做到产品的差异化设计，能够解决渠道的矛盾，自己就一定能够从电商平台上已有的图书营销力量中抢到属于英特华的广阔天地。而反过来，实现这些目标，进而将互联网变为英特华的主流营销市场，才是“打劫”的真正意义所在。

从树立“打劫”模式开始，杨志明就在对英特华整体的领导、对员工工作和学习的指导过程中，有意突出了这样的思想。他不厌其烦地向员工们介绍着传统商业时代和网络商业时代的区别：

在传统的商业时代中，只要企业能够生产出有价值的产品，就必然能够满足特定甚至所有客户的需求。因此，企业只要做到“知己”，即了解自身特别拥有的资源、能够提供怎样的价值，就能获得应有的利润；

而今天的商业时代，却不再是如此简单，反之，企业必须通过发现需求、挖掘需求、创造需求，才能最终满足需求，获取利润。

就拿电商平台来说，在中国发展了多年的电商平台上我们能够看到，绝大多数企业经营的零售消费品，只要在天猫这样的平台上搜索一下，马上就可以看到那些销量动辄数十万甚至上百万的惊人业绩。显然，“莫道君行早，更有早行人”是这种现象的最好注解，而作为后起者的英特华，不靠“打劫”模式，将会永远徘徊在市场之外。

很快，英特华的创业团队明白了“打劫”模式的道理。他们开始迅速行动起来，大家一商量，决定上天猫、当当、京东这样的电商平台进行搜索，从那些销量最大、人气最火的书籍开始发现，然后倒推出销售商、出版社……很快，他们发现，每年销量最火爆的书籍无非只有那么十来本，而这些书籍将成为英特华未来进行“打劫”的重点突破口。通过对这些电商平台上已有的资源进行“打劫”，英特华将会成为从出版社到读者这个链条上的强势一环。

“钩”住你的客户

在英特华运转、发展的三年里，杨志明自始至终都没有忘记培养整个企业“钩”住客户的重要性。多年来的商业经验告诉他，客户不会盲目地产生所谓的品牌忠诚，即使有这样的忠诚，也是建立在企业对其充分的吸引力上的。

杨志明喜欢用“开门”的比方来教育和引导员工。他说，做生意的人，无论生意大小，都希望只要将店门打开，就能看到人山人海的消费者，这就是我们的“开门”愿望。然而，有了良好的愿望，更需要有积极的努力，尤其在电商时代中，企业如果没有充分的实力，将没有机会看见顾客盈门的盛况。

为了让更多的人明白什么是“开门”做生意，杨总绘声绘色地说了这样一个故事：

街上有三家水果店。

某天，第一家店里来了位老太太，她试探着问道：“有李子卖吗？”

老板立刻迎了上来，说：“老太太，有李子的。您看，我家这李子又大又甜，新鲜得很。”

谁知道，老太太听完这话，摇摇头就走了。留下老板一个人感到纳闷：我到底说错什么了？

老太太接着来到第二家店，第二家的店主同样热情地迎接了老太太。不过他多问了一句：“老太太，您想要什么样的李子？”

“我要买一斤酸酸的李子。”老太太说。

店老板立刻应承着，给她挑了一斤酸李子买走了。这样，第二家店的老板就赚到了一斤李子的钱。

过了几天，老太太家的酸李子吃完了，她路过第三家店，走了进去，同样说要买李子，老板同样问清楚了需求。不同的是，老板一边称李子，一边和她聊了起来：“老太太，您为什么要买酸李子？”

老太太高兴地说：“我儿媳妇怀孕了，就爱吃酸李子呢！”

“哎呀，那可真是要恭喜您老人家了！这样吧，以后您买我家的李子，一律给打六折！”

老太太听了，很是高兴，连声夸赞老板热情。

老板接着话茬说：“老太太，怀孕就是要吃好营养才行哦！我还听说，怀孕不光要吃高蛋白的鱼肉，还得吃营养丰富、维生素含量高的水果，以后宝宝才会更加聪明可爱！”

老太太一听，便好奇地问道：“那你说说，哪些水果才是营养最丰富的？”

店主说：“您看，我这里有进口的猕猴桃，维生素最多，您可以买一斤给儿媳妇尝尝；还有，我听说每天吃两个核桃，以后宝宝的头发会特别浓密乌黑，大脑、小脑都非常发达……”

老太太一边摸出钱包一边说：“我都买，不过，一天两个核桃，我得多买一点儿，可我提不动啊。”

“没事儿，老太太。以后我们就是熟人啦，您来我这里买，我给您免费送上门！”

就这样，老太太成为第三家店的熟客。

这个故事，杨志明在不同场合都说过，而每次说完故事，他都要为员工们进行分析。在他看来，虽然三家水果店看起来都在开门营业，但真正开门面对客户需求、创造需求、延伸需求的，只有第三家店。这家店主并不是只用李子来赚客户的钱，而是利用提供关联产品的服务，真正打开了消费者的心门，避免了人气的流失，同时获得了更多的客单价。

做电子商务，和做水果店这种传统生意有相似的一面，那就是需要打开店门迎来流量。只有流量先提升，人气才会提升，而能够最快吸引人气的方法，就是通过种种手段去满足客户的需求。

反过来，做电子商务，又有和传统商业模式不同的一面。例如，由于电子商务面对的是一个个互联网终端背后的个体消费者，企业无从主动对个体消费者发起积极畅达的沟通，也就在一定程度上失去了了解、开发需求的机会。

但这难不倒杨志明，更难不倒英特华人，在他的带领下，英特华找到了自己开门营业的模式。那就是巧妙的价格营销和关联产品模式。

为了获得更多的人气和流量，杨总要求英特华必须做到：凡是个体消费者耳熟能详的图书，必须能在英特华的电商系统中找到，不仅能找到，还要比所有其他平台都卖得便宜。为此，他要求英特华人做到下面两件事来打基础。

第一，要定时搜索各大电商网站平台上的图书销量排行榜，记录下其中 Top100、Top500、Top1000 等榜单。然后由英特华的产品研究院，对这些榜单中每本书的搜索数量进行分析研究，最终决定这些书在英特华销售和库存系统中的比例。

第二，确保英特华在当当、亚马逊、卓越、天猫等电商平台上，对这些图书进行即时降价。让消费者通过平台比价搜索之后，不论经由怎样的渠道，最终都会进入英特华的网店。

例如，2009 年，有一本销量超过 500 万本、缔造出版业经典案例的儿童教育类书籍，进入了英特华销售体系中。当时，英特华从出版社拿到书的进价是 18 元，市场上卖给消费者的零售价是 28 元，而杨志明果断下令，将书以赔本的方式卖给网上的经销商。于是，这本书以让人意想不到的价格出现了，12 元、10 元……难道英特华真的不赚钱?

当然不会!

如果采用传统的赢利模式，18 元钱成本的书籍商品卖 28 元，企业赚到的是每本 10 元钱，这样的模式称为价差模式。但杨志明知道，依靠这样的模式，企业的未来发展无从谈起。相反，从价差模式，走向利润差模式，才是顺应互联网潮流的改变和进步。

杨志明敏锐地看到，在电商时代，消费的随机性大大加强，而心理因素在消费过程中的影响也不断增大，荷包开始日渐鼓起来的中国人并不会像以前那样只是为了“买便宜”，他们经常喜欢用“占便宜”的思想去主导自身消费行为。因此，想要促成利差模式的建立，杨志明坚决要求，在类似这种畅销书籍上进行降价，把“开门”模式引导到电商平台上来。

很快，这本书籍的低价营销战略吸引来了足够的人气，利差模式中的赚钱之门打开了！

比如，因为这本儿童教育类书籍的畅销，英特华的网店很快有了大量新增的流量。为了利用好这些流量，杨志明开始积极发掘与之相关的产品。很快，他看上了一本与女性读者密切相关的孕婴教育书籍，这本书从出版社推出之后，销路一直很差，只能用一折的价格卖往北京西南物流中心进行打折处理。即使这样，销量还是无法提升。

杨志明找到这家出版社，明确建议他们停止这种自损品牌的行为，并建议双方进行合作：由英特华按照0.6～0.8元的价格销掉所有的存货，然后再用图书标价的六到八折来进行销售，这样，至少出版社的品牌不会受损，而且存货也可以一次性出清，确保出版社的回款。

出版社早就听说过杨志明，更何况他一次性拿走几千本图书存货的提议是相当诱人的，于是，双方痛快地达成协议。

随之而来的就是产品的关联了，英特华将这本书打六折，在网店中放在之前那本畅销神话的书籍旁。这样，大量新增的流量中，有许多原本就已经身为人母的读者，很自然地选择了购买。她们的购买行为，正是杨志明所希望看见的：原本近乎废纸价格贩卖的产品，到了英特华人的手上，却能够带来70%～80%的利润。

当然，在杨志明精心设计的产品关联模式中，并不仅仅是图书的关联。在另一款女性图书产品的销售中，英特华拿到了香港某知名女性日用化妆品集团的1000万份面膜产品。当时，这家香港集团的老总在培训中和杨总认识，两个人围绕商业模式进行了一番探讨，该老总对英特华这种产品关联的营销模式很感兴趣，等说到女性图书的概念时，他面露喜色，发现了其中的商机：“老杨，你这块的顾客群体不正是我的顾客群体吗？”

就这样，图书和化妆品，两个原本看似风马牛不相及的产品，在电子商务思维的撮合下走到了一起。这家集团将每年要送出去的2000万体验装一下分给了英特华50%，为的就是通过其图书和化妆品的捆绑销售，让试用者能够关注到其化妆品并进行之后的消费。

对这次合作，杨志明总结说：“我本来是用免费化妆品来吸引消费者购买书籍。但实际上，化妆品集团也在用免费化妆品，来吸引消费者对他们产品的继续购买。这种模式下，大家都是赢家。”

于是，一种新的产品关联实践产生了购买这件图书，女性顾客就能够获得价值99元的面膜产品一份。

在另一款烹饪美食类图书的网络销售中，英特华人又聪明地将图书和“微口罩”这样的产品联系在一起。“微口罩”，是杨志明在参加商业模式培训时认识的一位老总得旗下企业开发的个人健康防护产品。这款产品原本销量始终上不去，经过杨志明和这位老总的“头脑风暴”，提出了大量改进的意见，开发出了客户的需求，获得了很好的网络销量。现在，英特华主动和这家企业进行合作，每位购买了这本图书的顾客，将能够获得这款用于厨房油烟防护的“微口罩”。显然，如此人性化的商品捆绑，再一次深深打动了顾客的心。

“钩”住客户，并非意味着产品越多越好、越全越好，而是要用准确的产品分类去形成“开门”模式，让受欢迎的产品以低价的形式去“勾引”顾客，然后让关联产品成为利润的主要来源。

杨志明的“开门放钩”模式，有下面这些重要的要素：

首先，选择好产品的种类范围。在这方面，英特华并非没有走过弯路。比如，最开始的时候，消费者购买一定数量的书籍，就赠送给他们相对数量的滞销书籍，但很快，杨总发现这种模式的问题在于“钩子”对消费者的吸引力太小。这是因为滞销书籍的范围太广，缺乏足够的特点，无法引起消费者的重视。为此，杨志明决定，将产品的品种数量进行压缩，和当当、京东它们数十万种的书籍不同，英特华只保留两万余种的书籍，其中除了那些经典热销书籍之外，就是能够和这些经典书籍密切联系的产品。这样，既有“钓饵”，也有“利钩”，企业才能保持利润长盛不衰。

其次，抓住“钓饵”和“利钩”的联系。杨志明说，那些看起来能让消费者占便宜的产品，就是“钓饵”，就是用来赔钱的，而真正赚钱的关联产品才是钩子。但钓饵和钩子必须要紧密相关，而不能相互分离。在图书的内容、图书的外形设计等方面，钓饵和钩子都应该有相应的特点，能够让消费者迅速辨识出来，从而在心理上建立起强烈的购买倾向。另外，作为“利钩”的利润品，应该有充分的种类拓展，适合不同消费者的心理倾向和购买习惯。

最后，“开门放钩”的模式，最终是为了提高客单价。杨志明为他的员工算过一笔账，如果每个消费者只来买英特华的一本书，那么即使那些畅销书籍卖出去十几万本，总的利润也只是普普通通而已；但如果用“钓饵”和“利钩”来结合，让消费者被“占便宜”的感觉吸引，然后购买相关联的产品，那么，每个客户带来的单独利润就相当可观了。这就是客单价在电子商务中的重要性。

“钩”住客户，才能成为市场中的赢家，这正是英特华成功秘诀中的一条。

网络时代商业新模式

时代的变化，总是能为商业新模式的出现奠定基础。当新的趋势出现之后，那些能够顺势而为的企业，将能够利用新的商业模式超越原本的领先者，然后颠覆行业格局，实现跨越发展。

从网络时代的发展来看，商业模式的变化可以大致分为下面几个阶段：

2000 年左右，是中国互联网商业模式刚刚萌芽的时代，也是大门户网站的时代。在这个时代中，以新浪、网易和搜狐等大型综合门户网站的商业模式为成功代表；

2003~2008 年，是 PC 电子商务时代，淘宝、京东等平台打造出一批较早跨界转型的电商，也成就了这些商务平台；

2012 年开始，中国商业模式进入移动互联网模式和全渠道营销的 O2M（线下对接移动互联网）时代。而这样的时代，其机遇期最多只有五到十年。在杨志明的战略描述中，这样的互联网被称为产业化和生活化的互联网，而在此时代下的互联网企业，已经不仅仅是 O2O 的运营模式，而是全渠道营销模式。

如果说，曾经的娱乐和消费平台的互联网时代中，独领风骚的是线上为主的电商企业，而在第三代互联网中，线下和线上结合的企业，正在成为引导行业发展的领头羊。杨志明形象地说，移动互联网时代，谁的春天来了？和许多人想象中的结果相反，恰恰是传统企业的春天来了！

传统企业中的佼佼者，有着丰富的线下资源，他们要做的就是在最短的时间内开发和利用线上的资源，然后将线下的流量转移到线上，去冲击那些原本只有线上流量的企业。在这样精准细微的战略指导之下，英特华全体员工都清楚地了解到，眼下的移动互联网时代，正是这个原本从事传统图书经营的企业所能够把握的新机会，只有把握好现在的机会，才能颠覆中国市场原来的那种单凭“站对风口就能飞”“开个网店就成功”的局面，才能完成对原有商业模式的超越，成为未来十年的霸主。

在移动互联网时代，英特华人深刻地认识到，整合资源，是整个时代发展的需求。在这个时代的变革中，随着消费者生活方式、经济社会发展方式的变革，企业的经营风格也随之变革。因此，在英特华的新商业模式中，重点侧重于新形势下对资源的巧妙整合，即体现为杨志明所说的“前店后厂”模式。

在“前店后厂”的模式中，企业将不再只是单独资源的拥有者，也不再只能向客户提供单独的价值。而是通过精细化运营和模式创新，做到将销售的规模进行快速而稳妥的提升。这其中，主要的做法包括大数据运营、全渠道布局，等等。

“前店后厂”的模式，意味着图书板块是英特华集团的产业基础，但同时更是根据地，英特华必须牢牢守住这样的根据地，同时做到多渠道、多方面地快速扩张，如通过自营网站、APP、微信商城等方法，探索更多有价值的创新模式，也能做到为其他传统企业提供可参照的经典范本。

英特华自身的业务结构发展实践就证明了这一点：在其两年半的发展中，企业的业务经过迅速整合，分成了七个部分，这样的七个“厂”，供应到同一个“店”，并分别提供不同的资源给有着不同需求的客户。

这七块业务分别是：

出版业务和文化业务。主要是图书的出版、多媒体文化资源的整合等等，尤其是按照畅销书籍的风向来进行图书等文化产品的制作，这在英特华公司受到相当程度的重视。当然，考虑到占用资源和耗费成本的原因，这块业务并不是英特华的核心业务，而是利用和一些中小出版社的有效对接进行资源共享，并签署包销协议，从而进行有效运营。

另外，英特华的出版公司还为企业和企业家出书，杨志明的理念是，每个企业家都有自己背后的故事，这种故事一定要分享出来，才能具有更大的价值。在他的一本著作中，他这样风趣地写道：“即使你只是一名乞丐，如果你有了研讨乞丐技术的书籍，你也有可能成为丐帮帮主。”

的确，例如《海底捞你学不会》这样的书籍，实际上不仅传播了企业文化，还能够提升企业自身品牌的价值，进行有效的企业整体形象推广。事实上，英特华公司的员工也积极参与到图书的出版工作中，杨志明曾经不乏鼓动性地对员工们说：“如果你们经过学习和工作，掌握了丰富经验，获得了良好业绩，我可以为你们出书。”

这种为员工出书的承诺，对于英特华的青年员工们而言，是相当具有吸引力的。员工们也同样用自己的行动回报了公司。两年多来，有数名英特华的员工已经通过出版公司成功出版了著作。

投资咨询业务。越来越多的企业，面临着如何从传统商业模式转向电子商务模式的问题，这样，他们就需要得到有效帮助、咨询，进而明确方向。英特华的投资咨询公司针对这样的客户要求，准备了人数充足、经验丰富的培训师队伍，并为不同的企业客户准备了个性化的、全面的转型整体方案。

电子商务业务。在英特华的发展过程中，许多企业发现了这个年轻的团队所具有的资源和能力，更看重他们在电子商务平台上所积累的大数据资源。因此，不少企业选择和英特华进行代运营方面的合作。而英特华所进行的代运营业正是因此而具有了其品牌特点和独特优势，尤其是他们自身所具备的电子商务经验，包括如何去“打劫”市场，如何去获得数据，如何去“钩”住客户等等，都将通过电子商务服务提供给他们的客户。

仓储物流业务。英特华集团成立之后，积极在各地建立仓库，如北京、上海、广州等地，都有英特华集团下属的仓储机构和设施。当企业客户接受了这样的服务后，就获得了应有的优势。例如，许多电商企业因为同英特华进行了紧密合作，就能够直接从一线城市直接发货，而不是必须从企业本地进行发货。显然，这样的发货优势将会提高电商企业带给终端消费者的体验，提高这些企业的品牌形象。

产品研究业务。杨志明说，电子商务不等于价格战，但必然离不开价格战，在价格战面前该出手时就要出手。然而，仅仅有价格战是不够的，当价格战结束之后，必须要有相应的数据调查分析来对市场表现进行研究，然后推出相应的产品。进行这样的后续“深挖”，才能领先于竞争对手，而不是陷入产品打折的恶性循环中。

科技业务。从传统行业向线上转型，企业必须要有一个 ERP 系统来进行支撑，而这样的系统正是英特华科技公司的生产结晶。尤其是英特华自身的图书业务，决定了其 ERP 系统开发之后具有的不同优势图书的产品品种可以分解为数万，而一般企业的普通产品则远不到这样的种类。这样，建立在英特化自身系统开发力量上的科技公司，足以支撑起绝大多数公司电商化的实际需要，开发出满足他们需求的 ERP 系统。

上述七种业务，事实上可以形成互相支持、互相联动的“前店后厂”模式。其中任何一块业务，都可以作为前置的业务，并在这个“门店”上进行价格战，甚至是免费化。这种多元化、多品种的资源供应方案，让客户能够感受到一站式、电商类服务，而不仅仅是单一的产品。这样，英特华就敢于在市场中参与竞争、主动竞争，并获得充足的优势。

事实上，无论是英特华何种业务类型中的“前店后厂”模式，都侧重于将企业传统的业务模式通过不同方法向互联网商业模式转型。在这样的转型过程中，杨志明总结出五个主要的步骤：

步骤一，借鱼塘养鱼。不管要具体从事怎样的业务，都意味着将客户需要的价值和利益通过合适渠道提供给他们。这就存在着如何将客户所要的“鱼”养大的问题。显然，英特华在起步初期，是没有办法只依靠自己的“后厂”来养大鱼的。这就需要找到像天猫商城、京东、当当这些已经做大了的“鱼塘”，依附其为平台，发展企业自身的“养鱼”业务。当“鱼”养大后可以提供给客户了，企业才能有下一步的发展方向。

需要注意的是，企业在业务向互联网商业模式转型过程中，选择的“鱼塘”即电商平台是不是足够大、足够强，将会对企业“前店后厂”的发展节奏有重要的影响。

步骤二，模仿和颠覆竞争对手。这部分方法是英特华所一直看重的，也是始终在实践的。通过对竞争对手的观察，做到“抄”方法，然后“改”方法，最后是形成企业自身对原有方法的“赶超”。杨志明将之形象地称呼为“抄改超”的三字经。做好这样的三字经，才能在向互联网商业模式转化过程中，不断模仿而颠覆竞争对手。

步骤三，及时“抛媚眼”。想要做好“前店后厂”的商业模式转型，意味着企业必须具有强大的资源储备作为基础，然后才能进行整合。英特华自身发展初期，并没有多少资源储备，无论是资金流还是货源都是相当贫瘠的。但正是因为从企业老总到基层员工，都善于利用免费模式、跨界提供等方法，去向有关利益方向的合作伙伴“抛媚眼”，诱使他们提供出其原本宝贵的资源。这样，才能让企业的“店”和“厂”都越做越大。

步骤四，准确“拔雁毛”。雁过拔毛，应该是企业“前店后厂”模式发展到一定成熟高度的特点，这意味着即使客户并没有做出主动消费的行为，也一样能够为企业整合资源过程提供相应的作用。事实上，这也是在互联网商业模式中才能获得的独特效果。杨志明曾经充满自豪感地向访问者介绍说，即使用户只是来到英特华的电商门店，没有做出任何消费，但用户只要关注了店面，留下了访问足迹，提供了流量增长，英特华未来的价值链条中就很可能有用户的贡献。因为作为用户个体，今天的需求并不代表着未来的需求，某一方面的需求也不代表其全部的需求，而只要企业有了“前店”不断吸引用户，有“后厂”不断创造新价值，互联网途径消费的用户就总有被“雁过拔毛”的时候。

在“拔雁毛”的步骤中，最重要的不是如何吸引用户进行一次性消费，而是吸引用户不断发现企业在互联网商业模式中打造出来的附加价值。这样，用户就会成为企业的会员，并由会员成为企业的“粉丝”。当企业拥有这样的“粉丝”之后，就不必担心价值的提供和利润的来源了，因为企业可以通过对互联网时代市场中终端的拦截控制，让“前店后厂”模式顺利进行。

步骤五，进行“大挪移”。利用这个最终的步骤，企业将能够让用户的价值和利益需求发生关键性的改变。

杨志明是这样形容“大挪移”的：如果客户原本的需求是买一本书，那么，企业的“前店后厂”模式对其提供的利益就只是一本书，而获得的利润也只是一本书的利润。但是，如果企业能够巧妙地用不同方法去吸引客户的兴趣，让他们进一步关注培训服务、关注信息服务或者技术服务，那么，客户的需求取向就会发生改变，被“挪移”到更加有利于共赢的方向上。

当然，“大挪移”还意味着企业从“鱼塘”中的走出。普通图书的销售，可能无法离开天猫、京东这些“鱼塘”，但这些互联网平台的“鱼塘”只是前端，而经过有效的引导和转化，用户最终会从这些前端平台走到英特华提供的更多平台上获取价值。而着眼于未来的变化，“大挪移”更意味着顺应互联网时代的改变，从 PC 终端走到移动终端上去。

之所以应该从这样的高度去理解“大挪移”，是因为移动互联网时代意味着传统企业成功超车的机会。传统企业有自己原本的渠道、有质量保证的产品、有各自价值的品牌，如果能抓住移动互联网的趋势对资源进行整合，顺势而为，就有很大希望能够像英特华那样，颠覆行业原有格局，成为未来的领先者。

下面的事实是杨志明经常强调的：

在电子商务发轫地美国，排名占据前 100 名的电子商务网站中，有 90 家是传统的企业所打造的。但在国内，事实却恰恰相反，国内几乎所有排名靠前的电子商务网站，都是纯电商企业依靠风险投资砸钱进去所开办的。而像英特华这样从传统企业直接转型到电商并获得成功的，则寥寥无几。一方面，是因为这些传统企业缺乏相应的人才和资源；另一方面，更是因为他们没有找到“前店后厂”这样吸收了传统商业经验，并能够更好地适应移动互联网时代的新模式！

总之，在互联网时代，整合资源、“前店后厂”是既传统又创新的商业模式革新方法。英特华是这套革新方法的创造者和使用者，相信在这家企业未来的不断发展中，这套方法还有着更多的成熟空间、更大的成长潜力、更好的改变方向！

注重流通速度和财务管理

进入电子商务业界三年多以来，英特华的成长速度是惊人的。而之所以能获取这样的发展速度，同英特华在崛起过程中注重出版和流通速度有着紧密的联系。

任何有着商业经验的人都知道，企业如同人体，需要的不仅是组织架构、产品竞争力这样的“骨骼”和“肌肉”，同时也需要流动资金来作为“血液”确保机能的正常发展。企业在其持续不断的运营过程中，只有掌握了数量合理的现金流，才能够得到生存和发展。之所以这样说，是因为企业手中所拿到的现金，在其不断流通过程中，才能发挥其作用来承担企业经营成本和费用。同时，如果能够加快现金持续的流动，又能够为企业带来利润上的满足和进步。

因此，对于企业而言，某种程度上“现金为王”并没有错。一个企业如果在现金上面缺乏充分支撑，将会难以立足。然而，从另一方面来看，占有现金又是一种对资金的占用，需要付出一定的机会成本作为代价。这是因为现金本身也是一种重要的资源，其本身的价值必须在流动中才能发挥出来。

杨志明懂得这个道理，并不是因为他悟性较高，而是因为他亲眼看到了在苏宁、国美等家电企业的发展过程中，占据现金流、加快流通速度是多么重要。根据对苏宁掌握现金流模式的观察和总结，杨志明才找准了英特华如何获得更多“血液”的命脉。

苏宁电器，全名苏宁云商集团股份有限公司。这家公司是中国商业企业中的领先者，以经营传统家电和消费电子起家，目前已经涵盖到百货、日用品、图书和虚拟产品等等。线上，苏宁易购是国内 B2C 的前三名，线下，其实体店已经达到 1600 多家。

和国美一样，苏宁能够做到快速扩张，同时又保持着充分的赢利能力，其中很大原因在于其对现金流通的重视。通过对自身终端管道价值的发扬，企业能够获得“类金融”形式的赢利方法，并难以撼动。

具体而言，由于苏宁和国美在中国内地电气零售商的排名中占据了非同小可的位置，因此，其强大的市场地位，使得他们和供应商进行交易时，握有了强大的议价能力，在谈判中始终能够处于主动地位。具体而言，苏宁能够延期六个月以上的时间来支付价值链上游供货商的货款，通过这样的“拖欠”行为，苏宁的账面上能够长期保持大量浮动的现金。另外，苏宁和消费者之间进行现金的交易，也能得到不少现金回款。这样，就等同于通过金融平台的贷款获得扩张的动力。简言之，就是通过占用上游的利润，加大手中的资金，获得扩张地产的产业动力，然后再通过扩大连锁店获得的利润来反哺家电销售利润。从某种程度而言，苏宁、国美这些家电零售业的“霸主”，能做到像银行那样去吸纳众多供应商的资金，然后通过有效的流动，供自己不断使用。

采取这种类金融的模式，能够让苏宁和国美等企业在和消费者之间进行现金交易的同时，保持账面上长期的大量现金存留。这样，其“类金融”的模式就能形成循环体系，从企业规模扩张，到销售规模提升，再到能够占用更多的账面浮存现金，最后利用这些现金更大扩张规模并获得更多账面浮存现金。换言之，从某种程度上来说，正是上游价值链提供的现金，推动了苏宁和国美的高速发展。

杨志明对苏宁和国美的“类金融”模式观察发现，任何企业发展到一定阶段之后，都需要借助来自外界的资金，寻求自身跨越式发展的动力。一般来说，这种资金的来源，主要包括三种渠道：银行发放的贷款、从资本市场进行股权融资和在资金市场进行的债券融资。

但杨志明现实地看到，对于流通型营销企业而言，由于自身资产是有限的，在资本市场进行股权融资，或者在资金市场债券融资，都是相当难以实现的。而在银行贷款也并不方便（由于缺少一定的担保能力），所以需要开拓出新的融资渠道，对于英特华这样的大型流通企业来说尤其重要。

为此，杨志明决定，学习苏宁、国美的类金融模式，通过产业链内部的融资，占用上游出版商的资金，而出版社又可以占用其上端的资金。这样，在整个产业链条上英特华能够通过控制好销售的终端，而做到“以小搏大”，以原本不大的资金实力和团队人员，撬动整个行业带来的收益。当然，在这个过程中，杨志明个人的谈判能力和人脉运作能力，也产生了重要的作用。

正如英特华对“类金融”模式的学习和实际运用一样，传统企业在朝向电子商务转型的过程中，能够借助资本运作的翅膀，让企业飞得更远。

值得一提的是，伴随英特华电商俱乐部、电商学院的成立和扩大，在其培训课程中，也有了越来越多关于如何进行包括“类金融”在内的企业资本运作方式。在一些诸如“融资三十六计”的课程中，许多资本运作的具体招式，对于传统企业有着实际的意义。尤其是对于那些面临着融资困难的企业，从根本上改变了他们的思路。这些企业的领导者在融资方面的渠道相对较少，只有通常的 VC/PE，银行或者民间贷款。但通过学习英特华经过创新改造之后的资本运作模式，这些企业能够将注意力侧重到对价值链内部的资源挖掘上。

正如英特华集团的财务总监邵金华所说：“有些企业，是守着金饭碗在要饭吃。”如果更多的企业能够利用自身优势，合理地利用好上下游的资源，很大程度上就能够解决资金问题。尤其是传统企业在朝向电子商务转型的过程中，能够借助新颖的思维和方法，整合现金资源，从而更加坚定地成长。

当然，一家好的公司，不会仅仅依赖于单一的资金流管理模式，更不会让财务模式始终停留在原始发展时期的层面。对英特华未来的财务管理，杨志明和他的下属们自然成竹在胸。整体而言，英特华的财务转型，会从下面几个步骤开始：

首先，需要通过健全规范和夯实基础，打造出企业内财务更加正规的标准和流程。这是因为不论企业进行怎样的融资方式，包括“类金融”

在内，都要通过严格的会计核算工作。会计的核算工作，意味着企业融资的底盘基础，只有当基础稳定，才能得到稳定的融资过程和结果。

其次，英特华还会加强财务管理的职能，推动整个集团的财务工作，从原先只是注重核算型的职能，改变成为管理型的职能。通过财务工作来管理融资工作，成为集团内部不同业务单元的合作伙伴，并为相应决策做出支持，最终对企业的成长给出正面的影响意义。

另外，英特华还会将价值创造型组织设定为财务管理的转变目标。随着三年来的管理工作发现，不仅利用类金融模式可以为企业巧妙创造价值，还能够通过财务管理为企业带来更多价值：包括利用对财税政策的研究等方式，能够合理地为企业带来税款方面的节约；利用招商政策的研究，能够让企业从不同地区政府那里拿到补贴等等。如果进一步加强对财务流程的优化、提高库存周转率，就能更好地提高资金周转率。这样为企业创造的价值影响可能会更加深远。

总之，“类金融”模式是英特华加快流通速度、加强财务管理过程中所迈出的第一步。虽然这样的第一步带来了超越普通企业的发展速度，但英特华集团显然不会停留在这样的模式中，他们将会积累起更加丰富的经验、利用对财务管理工作职能的更多开发，让企业得到越来越充沛的“血液”，支撑起越来越强大的躯体！

信任的价值

信任是社会影响概念中不可或缺的一部分。有了人和人之间的充分信任，才谈得上吸引力、情感和爱，才能有忠诚和凝聚力。因此，今天的企业运营模式的基础，在于首先获得顾客的信任，是要让顾客对企业产生肯定、认同和信赖。

纵观今天的电商，只是依靠企业自身的力量去进行营销已经完全不够，只有让电商所面对的顾客不断转化，成为新的代理商，才能充分发挥顾客对企业的信任，进行营销的深入发展。

英特华是如何将顾客变成代理商的？事实上并不难操作。建立在对顾客消费数据的统计上，就能够清楚地分析出顾客所属的社会阶层、经济收入、爱好兴趣乃至个性倾向等等。当顾客的资料随着其购买行为越来越齐全完整时，就能够迅速开始进行将顾客转变为代理商的行动。

杨志明最初选择了这样的口号来推进顾客转化为代理商的过程：“一台电脑，一座商城。”这个口号是非常具有针对性的，其主要目标人群就是在信息时代中不愿意主动融入社会的宅男宅女，抑或是因种种原因而在家工作的主妇。考虑到他们的生活特点、关注重点，这样的口号让他们消除了对电商创业的畏惧心理，让他们看到简单明确的方法和步骤，同时以“商城”这样富有煽动性而直观的形象去影响他们，获得顾客的信任。这样，在基数庞大的顾客群体中，就会涌现出大批代理商来加入英特华的电商事业。他们可以选择在家创业，成为英特华的代理商，并获得销售的利润提成。

为了让顾客能够对加入英特华事业有充分的信心，杨志明特意在公司内部修建了一个可以容纳上千人的大会场。这个会场可以容纳不同的代理商进行商务活动，他们可以在这个会场中不同的办公区域去会见客户、洽谈合作和研讨商业模式。

同时，对于那些对业绩有贡献的代理商，英特华还专门出台了奖励措施：凡是能够为企业介绍来一定数量的代理商，或者可以提供一定数量的业绩的，英特华就可以免费赠送价值上万元的课程。通过这些课程，原本可能并不熟悉商业模式的代理商们，将能够更为迅速地了解具体的操作方法和步骤，并进一步扩充自己的商业视野，提高事业基础。

通过运用恰当的方法推动顾客变成代理商，目的在于提高企业发展的速度，而不再是按照传统的增长速度来进行企业业绩扩张。在这个强调企业业绩成倍翻升的时代，如果还是按照固有思维去进行代理营销，结果只能是被竞争对手所超越。用杨志明的话来说，传统的招商、代理、营销，每年的速度最多只有百分之几十的增长，而利用信任的力量迅速从顾客中发掘代理力量，将很容易让企业拥有火箭般的速度，从 1 千万到 1 个亿，从 1 个亿到 10 个亿，将成倍提高销售业绩。

信任不仅能够用来将顾客变成代理商从而扩大企业规模，利用信任的力量，企业还能够获得不同人才的关注，企业家则可以充分彰显其魅力，并得到帮助。

在英特华，常务副总裁朱同明几乎属于“开国元老”级别的领导者。从最初的博文育才书店开始，13年来，除了杨志明团队中财务和技术这样有着特殊专业的岗位，朱周明几乎在不同岗位上都工作过。他是英特华企业中典型的“万能型”领导，哪里有需要，哪里就会出现他的身影。

朱周明之所以愿意如此为企业倾心付出，为英特华的成长扩大呕心沥血，和他对杨志明的信任有着无法分开的关系。他和杨志明从初中到高中都是同学，虽然学习成绩比杨志明要好得多，但还是愿意在一起学习、玩耍，在外人看来，他们之间情同兄弟。

2001年，杨志明为了扩大连锁书店，需要更多的人手来帮助自己。于是他给远在深圳工作的朱周明打了个电话，希望他能够放弃工作，来北京和自己共同开创事业。虽然当时朱周明在深圳的收入也算不错，但正是因为信任，他丝毫没有犹豫，坐上火车，花了30多个小时来到了北京。

正是这一通电话，让朱周明在杨志明身边工作了13年，这13年对于人的一生来说固然不长，但对于每个人的职业生涯而言却举足轻重。朱周明之所以能够将13年都倾注在对英特华、对杨志明的追随上，用他自己的话来说，就是因为他和杨志民之间的相互信任。

这份相互信任，首先是从双方的相互欣赏开始的。朱周明的性格谨慎内敛、老成持重，在工作上始终保持着步步为营的风格。这一点，正好和杨志明做事执行力强、干脆利落的风格相反。这样两个性格不同的人，能够走到一起长达13年之久，更是凭借相互依靠，彼此信任。

朱周明之所以信任杨志明，不是因为杨志明给出的诺言，而是他做出的实际行动。在朱周明的眼中，杨志明某种程度上是相当疯狂的：2010年是英特华面临重要转折的一年，这时的英特华在金隅国际只有100多平方米的办公面积，团队只有十来名员工。而杨志明在这种情况下，敢于对朱周明在内的所有人承诺，保证在最短的时间内，在海淀图书城中租下一层来，把公司做大。当时朱周明觉得，这不过是老同学用来鼓舞士气的方法，没想到，200天不到，杨志明居然做到了。

在这个承诺实现以后，为了进一步取得员工的信任。杨志明又一次向大家承诺：面对员工数量激增、公司层级迅速发展，现有的地方难以容纳。为此，在两年内，自己要带领大家在北京建立一个仓储和物流一体化的总部基地。

朱周明后来承认，当初他觉得，这一次的承诺比起入驻海淀图书城显得更加“不靠谱”。毕竟，当时能够在海淀图书城拿下国林风的原有门店、货架，其中也有着一些运气成分，而杨志明不可能每次都这样幸运。但很快，事实再一次打消了他的怀疑，距离杨志明给出的第二次承诺不到一年，英特华在杨志明的领导下，正式搬迁到现在位于通州的公司总部基地。和其他许多员工一样，朱周明觉得，现实变化太快，让自己短期内都无法接受。但在这样的惊讶之后，就是对杨志明更多的欣赏和信任。

此后，在杨志明外出学习的时候，不少员工都觉得自己的老板“不务正业”，可能会被骗上当。但朱周明给了他信任和支持，他知道杨志明和其他人看待学习的角度并不一样，他学习的是扩大圈子、建立人脉和整合资源。后来，英特华做成了规模，杨志明还是经常往外跑，朱周明理解他现在的奔波更多的是为了带动和影响其他企业的发展。

除此之外，企业的公信力和影响力也会为自身带来像杨志明一样忠诚优秀的人才。众所周知，今天组织机构的发展竞争，也是大量中基层人力资源的竞争。而想要获得雄厚的人力资源，没有企业和员工之间的充分信任几乎是不可能的。因此，信任不仅能够让顾客和代理商变多，能让高级人才留下来，还能让更多的中基层人才慕名而来、主动投奔。

在英特华向外界传递“橄榄枝”的过程中，沙龙模式是最富有特色的一种。

例如，企业通过诸如 O2O、C2B 这样的论坛，从而邀请到在苏宁易购、亚马逊等平台经理级别以上的干部进行业务的探讨。而在探讨的过程中，企业的高层能够同这些市场中的人才产生更为“亲密”的互动，获取更多的机会去接触他们。

发现了优秀人才之后，经过几次沙龙或者论坛的接触，英特华的高层就会明确具体的“挖角”对象。再加上这些接触中的了解，高层们甚至能轻而易举地根据对象的经历特点、工作环境、个人背景、工作愿景、性格因素等等，设计出不同的“挖角”方案。

相应的是，由于参加过这些沙龙和论坛，不同的人才对于英特华也增加了了解，拉近了情感。在双方的“两情相悦”之下，英特华的人才库得到了充分扩大，也让企业的运营实力得到了保证。

当企业家喟叹合作者缺乏诚信、员工缺乏忠诚时，当企业面对市场中越来越“精明现实”的用户群体感到束手无策时，不妨仔细反思：企业在整合内外资源的过程中，有没有将“信任”看作自身发展的动力，看成弥足珍贵的财富。

正因如此，无论是在面对顾客，还是在面对合作者，英特华强调的都是先建立信任，再提供价值，最后进行合作，这样，不同的资源才能围绕“信任”的价值核心紧密联系。

级数增长的秘诀

英特华从进入市场，到不断成长的整个过程获得了迅速的增长。对于业绩不断增长背后的原因，杨志明将之总结为破坏和颠覆的力量。

作为一个市场中的后进者，盲目按照既有的游戏规则走下去，很难获得迅速增长的业绩。这是因为，现有的游戏规则，显然是维护现有市场中主要经营者的利益，这些游戏规则很难留给新进企业以足够的空间去成长和颠覆，而只能按照市场中领先者的规矩去亦步亦趋。为此，缺乏资金、缺乏经验的英特华，从进入图书市场开始，就以“破坏者”的面目出现。

当然，这样的破坏，前期必须有足够的基础。杨志明对其中的两种可能性进行了分析：

第一种，可以像英特华这样，采取独有的营销方法，开发自我的利润获取模式。当你拥有了一定的利润来源可以支撑热门产品的价格战时，就应该主动发起价格战争打破平稳掀起风浪，搅乱原有的局面。这样，才有可能乱中取胜。

第二种，如果企业缺乏独特的营销方法，那么就应该潜心于对现金流的开发和管理，加强企业内金融的运作，这样也可以拥有发起价格战的实力，获得同样的效果。

无论上述何种可能，新进企业最重要的崛起方式，就是在最短的时间内，用最大可能，将整个行业原有的规则进行颠覆，同时保证企业的风险最小化。直到原有领先者和竞争者消失，竞争规则会随着企业的领先而改写。哪怕企业是在第二名，都要保持着“破坏者”的角色，以颠覆性的思维进行思考和操作，从而破坏既有的利益格局。当企业成为行业中的第一名后，才可以从“破坏性”的思路中走出来，进入对行业的引领模式中。

英特华在其快速发展过程中，因为之前两年对行业既有“规则”的破坏，因此成为图书电商渠道的领头羊。面对这样的成绩，杨志明头脑清醒地看到，想要继续保持级数增长，要做的将不再是当初以初生牛犊不怕虎的气魄进行的颠覆和破坏，而是要引领更多的行业平台，跟随其思路前进。

正因为如此，在和天猫、京东、亚马逊等电商平台的图书高管交流时，杨志明总是习惯主动帮助他们整理工作思维，进而改变运营模式。

杨志明过去的一位老部下，现在跳槽到某大型电商平台成为了图书类运营官。虽然如此，两人还经常在一起讨论行业发展的策略。这位老部下经常向杨志明表露，在新公司工作不乏充实忙碌，尤其是新公司的KPI 考核能够真正做到让所有人投入全部精力工作，自己晚上 12 点之前根本没有下过班，但表现在他个人的工作业绩上，却没有太大起色。

杨志明站在对方的角度思考后，提出了自己的看法。他认为，在图书业界，“小而美”的商业策略，应该提升到“小而专，专而美”的策略层面上。比如，那些购买公务员考试图书的消费者，他们的目的并非只是去购买公务员考试图书，而是为了能够通过公务员考试。把握住这样的需求后，就能以公务员考试图书作为前端产品，发展出一系列的后端利润品。比如，将公务员考试培训视频作为产品上架，对已经消费的客户进行更多线下活动的推广……这样，就能做到提高客单价，让上百元的客单价提升到上千元、上万元。

杨总提出的策略，给了这位老部下深刻的启发和影响，很快，该电商平台就进行了运营模式的转变。

事实上，带动引领整个行业，并不是英特华在“培养”合作者。通过类似的引领，从杨志明到英特华的普通员工，都对自己的工作过程有了更新的思考和总结，对市场环境有了更多的认识。站在新的基础上，英特华将能够带领整个行业的价值链去打破原有的市场份额，将蛋糕整体做大，让更多的合作企业作为一个集体，去捅破瓶颈，得到更空间。而英特华也将从这样的引领中获得更大的利润空间、更广阔的发展前景。

除了上述方法之外，英特华还利用其迅速发展而获得的资金实力，打造了企业独特的电商收购模式。

不止一次有人这样问过杨志明：“英特华有 30 多家天猫店，都是作为独立的公司在天猫这个平台上运营，你们又是怎样做到对他们进行独立注册、发展、管理的？”

其实，这样的成绩并不难以理解。杨志明经常用简单的两个字来回答：收购。

英特华原来也曾经走过传统图书书店的模式，在海淀图书城也曾经租过整整一层来引入货源，但这样的思路还是传统的。随着企业方向的明确，英特华更重视的是如何用自身的业绩和能力吸引那些中小营销商并进行收购。这是因为大多数中小型图书电商，并没有完整先进的电商模式，如缺乏足够的免费优惠政策、缺乏足够的客户基数、缺乏足够的利润产品……这导致不少中小型图书电商缺乏良好的发展前景，甚至无法生存下去。当这些企业发现自己有可能“连人带店”进入英特华集团、获得新的商业模式和经营方法时，他们自然知道这意味着企业新的生机与希望。

同样，英特华自身也注意在市场中挑选那些优质企业加以收购，让它们成为自己的分支营销门店。对于这些企业的收购，一方面要看重其经营业绩，但更多的还是看重企业领导团队的学习能力和思维模式，是否有可能在短期内融入英特华的商业模式中，能够理解英特华的运营特点、能够及时进行自我转变和成长，成为英特华新的利润增长点。这不仅要通过对企业的分析，也来自对企业领导者个人的观察和了解。当然，在这样的过程中，沙龙和论坛的交流形式，依然发挥了重要作用。

正是通过不断地颠覆对手、带动行业，通过持续地对优秀中小销售企业进行收购，英特华才能做到在短期内不断于新的基数上进行提升，在企业发展的道路上疾驰向前。这家从领导层到员工层都拥有着创新基因的公司，让人们有理由相信其正在打造的“电商平台＋第三方平台＋APP＋自建商城＋微信商城”的全渠道营销体系会支撑起独特的英特华模式，并占据更大的电子商务图书销售份额。

与此同时，英特华集团还会发挥自身更多的优势，去颠覆不同行业现有格局中不合理的因素，从而帮助其他行业中的企业像英特华一样，朝向电商和全渠道零售进行积极转型，获取更多的级数增长和更大的业绩提升。

FROM A COOK

TO A BIG SHOT IN E-COMMERCE

第六章

激情老板的带人心得

管理不是管人，而是管心

管理既是一门学问，也是一种艺术。是否懂得这门学问、是否了解这门艺术，决定着一个老板带人的水平。在有些公司内部，虽然业绩表现不错，但是员工之间并不团结、相互派系林立，从而导致内耗严重。归根结底，这就是企业领导管理方法的问题了：管理不应该是管人，而是管心。

公司是一个集体，为什么会产生集体内部分裂独立、互相对抗的状况？显然是因为公司老板自身的管理框架设定不够大，其管理能力和魅力都出现了问题。如果老板能够树立更大的管理框架，利用其能力和魅力去征服所有员工的心，那么企业内部自然不会产生不同的框架制约员工相互之间的关系、影响他们的投入程度。

可以说，每家企业都有不同的管理风格。但真正有效的管理风格，必须建立在对员工心智模式的管理基础上，而并非只是管理员工的实际行为。这一点很像家庭生活中的婚姻关系，在婚姻中，双方都应该明白对方的心智是最重要的，而并不是约束对方实际的行为，一方应该去打动对方的心灵，给对方心理上想要的，这样，自己才能得到家庭生活的团结和凝聚。

正是因为认识到这一点，杨志明在打造英特华管理秘笈时，注重以机制来管理员工的心智，而不是以单纯的条款去管理其外在表现。在这些管理性质的机制中，诸如 PK 机制、晋升机制和约定机制，等等，都对员工的心理表现发生了重要影响。

英特华集团从小到大的发展过程中，每个阶段都有人才问题在困扰着：人才究竟怎样找来，人才又如何留得住，待遇应该怎么设定，才能让员工内心积极性和企业成本的支出相平衡……诸如此类问题，曾经困扰过初步发展时的英特华。

如同不少传统企业一样，杨志明也曾经在用人时将员工看作成本。在招聘过程中，企业的人力资源部门也经常将薪金的标准在员工期望薪金的基础上进行压低，而当薪金成功压低之后，人力资源部门还认为这是自己给企业带来的一种业绩贡献。

这种情况，随着杨志明参加的培训课程推进，而完全得到了改变。杨志明发现，企业原来将人才看作成本，但真正将人才看作资源进行管理，才能把握他们的内心。很快，英特华将薪金结构进行了巧妙的调整，运用合理的策略，既没有给集团增加更多的成本，也能够让薪金对员工产生更大的吸引力。这样，员工很快就在心理层面认同了企业和自己之间在利益上的共同性。

由于采用了正确的薪资结构，员工的积极性很快提高。许多员工每天都带着“狼性”进行工作，他们主动加班加点，甚至还会主动承担办公室的卫生工作。而这种发自内心的积极表现，还让那些业绩不好或者工作不到位的员工从内心感到对公司的羞愧、对自己的惋惜。

随着员工内心正确工作标准的树立，整个英特华集团的工作运转正常而有序，达到一种依靠员工自觉性就能够顺利推进工作的程度。曾经有多次，整个集团中下属的几个公司总裁出去培训上课，一出去就是半个月，回到北京也并不急于回到公司，即使这样，公司员工的工作、集体的运转还是一切正常。

对此，杨志明认为，“用人不是买菜”，而是要重在“买心”。如果采取“买菜式”的方法去管理人，通过压缩薪金、延长工作时间等方式，向员工砍价格。这样的结果就使员工思想上对企业没有归属感，而管理人员必须付出更多精力来凝聚他们的心思，这种成本比起薪金可能要高出十几倍。更严重的是，即使员工为了一时的利益追随企业创造了不错的业绩，但由于他们“人在曹营心在汉”，一旦成长到羽翼丰满，就很有可能带上企业的信息、企业的资源，甚至带着客户关系跳槽。这样，企业最终会品尝到管不住“心”的恶果。

正因如此，对员工队伍的管理，一定要从“心”开始。而对“心”的管理，则离不开“新”的管理。

杨志明尤其看重管理心智对于年轻员工的影响，而这一点是足以改变企业未来的。伴随“90后”不断进入职场，如何对这些最新的职场人进行管理，成为众多HR所面临的新困难。不少HR认为，“90后”自私、个性喜怒无常，因此难以管理，相比之下，还是“70后”听话、“80后”靠谱。但是，社会的更替不是以企业家主观意志的改变就能改变的，企业必须面对新员工的新特点，并根据他们的新特点决定管理方法。

在英特华，90后的管理并不是问题。这是因为英特华电商的行业属性，决定了其员工群体的年轻化。而管理这群极具个性的员工，英特华抓住的就是他们的心灵。

杨志明直言不讳地说，那些大学生刚刚来到英特华时，自己就会通过新人欢迎会对他们进行宣传“洗脑”。在这样的宣传中，英特华所提倡的价值观迅速渗透给这些新员工：今天的成功并非来自你个人，而是来自你选择如何竞争、同谁竞争、同谁“PK”。杨志明在同新员工们进行的谈话中引用他们所熟悉的情形说，在学校，谁比自己强，你就应该努力去模仿他、跟随他，然后超越他，这样就是成功的竞争，即使对方也成功了，相信你也不会比他差多少。同样，在英特华如果这样工作，也一样能获得进步。

这种教导和影响，对于新进入英特华工作的员工影响深远。从进入企业最初开始，他们在心灵上不仅有了对企业的归属感，同时，也有了相互之间因为竞争和“PK”所带来的紧密捆绑感。哪怕只是两个新员工在同样的部门职位上担负着同样的工作，任何一个人在某方面所做到的小小进步，都会引起另一个人心灵上的反应波动，并直接转化为后者努力工作追赶的动力。

为了让这种心灵上的反应和波动更加明显，英特华集团的规定是，当两个相同职位的新员工在某个阶段“PK”之后分出了胜负，那么，输了的新员工必须向胜利的新员工“拜师学习”。不要小看拜师仪式中简单的一次鞠躬，这个动作背后会引起员工不同的心理反响。输的一方会认为自己已经落后，而在心里发誓努力超过赢的一方，同样，赢的一方为了保证自己目前的优势，也会继续全力以赴。

这种“PK 机制”实际上并不只是在新员工中进行，而是在整个英特华集团中广泛使用：同样都做客服岗位的员工之间进行 PK；同样都是店长的员工之间也进行 PK；同样都是总监的员工之间还是需要进行 PK……这种 PK 过程，无形中促进了英特华员工心理层面的工作积极性，也激活了企业利润指标的增长。

为了推进这种 PK 进程对员工心理的正面影响，2014 年，英特华的图书业务板块也将做出一定的调整。为此，英特华将推出“天猫 = 其他”“考试 = 社科 + 少儿”的计划。在该计划中，天猫的销量应该等于京东、亚马逊、当当等其他电商平台的销量总和，而考试类用书的销量则等于社科和少儿用书的销量总和。这样的计划调整，必然会引发不同板块负责人所负责指标的比重变化，并推动“PK”局面的激烈化。

除了利用“PK 机制”做到管理员工的“心”，杨志明还利用自己学到的多流派管理知识，融会贯通出一套“约定机制”来约束员工的“心”。

在约定机制中，杨志明不失幽默地指出，员工面前会放一块肉，而后面则会拴上条狗。实际上意味着既要用利益的约定激励员工内心，也要用压力的约定鞭策员工内心。当员工在这样的约定下，承诺自己能够在一定时间下达成一定目标之后，并向企业提出需要的支持内容。当然，员工具体需要怎样的支持内容，并非随便提出，而是必须经过上下级之间可行性的估计和多次数据分析和统计得出。

一旦约定达成，即视为员工目标达成，英特华将会对员工给予相应奖励；反之，如果约定没有达成，即员工个人目标没有达成，员工就会受到相应的惩罚。

通过这样的形式，企业的整体目标被分解为员工的“一亩三分地”。员工在内心责任上必须正视自己的工作，在情感倾向上必须珍惜自己的任务，而在荣誉获取方面，则会为了证明自己不比他人差而跃跃欲试。

杨志明说，约定机制，实际上就是利用了人们内心中那种或多或少的“愿赌服输”的博弈心理。达到目标就能在博弈中获胜，而无法达到目标，不仅无法获得物质利益，甚至会被直接解聘。对此，杨志明一针见血地说：“每个人内心都有赌博性，而企业要做的是将员工的赌博性激发出来，然后以正确的方式产生正面利益。”

对员工的管理，是古往今来任何组织、任何企业的成功之本。善于管理员工的企业，能够让员工心悦诚服地主动接受管理，成为自我管理者；而不善于管理员工的企业，即使留得住员工的人，也留不住员工的心。这样的差别，正是英特华得以超越和领先的重要原因。

打造学习型团队

在电商高速发展的过程中，需要整个企业团队持续不断地去学习，才能让整个企业团队具备适应变化并持续创新的能力，从而确保整个企业快速运转。

在这样的过程中，领导导师化显得相当重要。

17 年前，在杨志明读书的院校中，汪族伟担任他所在专业的老师。当时，杨志明虽然成绩平常，却对这位治学严谨同时又能够不断吸收新事物的导师有着深刻的印象。2010 年，杨志明发现自己的英特华国际文化交流中心正需要这样一位“导师”。于是，他带着十足的诚意和信任，邀请此时在淘宝大学做讲师的汪族伟来担任英特华集团的人才培养顾问。2011 年，汪族伟终于被英特华的飞速发展所打动，同时看到一批有经验、有能力的优秀人才加盟，最终选择了加盟英特华。

在加盟企业之后，汪族伟主要还是担任导师的角色。也正是因为这种导师化的领导形象，使得他深受员工的喜爱：许多年轻员工不仅喜欢听他的培训课程、接受他的指导，更愿意经常和他交流，请教工作中的问题，解决事业发展中遇到的苦恼。

为了做好企业中的人才导师工作，汪族伟始终保持着对学习的热爱，更是在生活中有心积累。平时，他遇到对工作有价值的信息，如文章、资料等等，都会随手记录收藏，然后一有空闲就会拿出来做系统化整理。这种以身示范、热爱学习的精神，让他始终保持着一颗年轻的心。除此之外，为了做好年轻员工的导师，汪族伟对现在的年轻人有着相当深入的了解。他如此评价年轻人：“现在的‘90 后’员工，出来工作，大都不会将挣钱看成唯一的标准。只有让他们感到内心束缚，才能留住他们。”正是基于这样的考虑，汪总建议在对员工进行培训之前，一定要完全解决食宿问题，保证他们的基本生活保障，同时还要让他们感到受到重视，这样他们才会愿意留下来学习并打造自己。

为了更好地成为年轻员工的导师，汪族伟还在生活中和他们打成一片。汪族伟平时喜欢看针对年轻人的励志书、会和年轻人一起爬山，还看了年轻人喜欢的韩剧《来自星星的你》。对此，他坦言，企业的领导不仅要导师化，还应该成为年轻人的朋友，只有知道年轻人喜欢什么、思考什么，才能做到和他们同频沟通、同步指导。

汪总这样的“导师型领导”在英特华并不是唯一的。从杨志明开始，不同子公司的总裁、业务部门的领导，每年都需要走上讲台言传身教，将自己熟悉的知识和经验传递给更多员工。而他们在日常工作中的引导作用，则更是以润物细无声的姿态改变着身边一个个下属、一个个英特华人。

共同的学习愿望使英特华的同事之间、领导之间有种特殊的亲和力和凝聚力。汪族伟这样解释领导导师化的重要性："电子商务在高速发展的过程中，因为员工持续不断地学习，才使这个团队具备拥抱变化和持续创新的能力，才保证了整个集团的快速运转。"

除了利用领导的导师价值之外，为了打造出学习型团队，杨志明创办了英特华商学院。在他看来，英特华有能力也有责任创办出电子商务界的"黄埔军校"，不仅仅为整个企业，也是为整个行业铸就大批的人才。

"学习精神"是英特华商学院鲜明的特色，这也是英特华从上到下所崇尚的精神。英特华商学院将这种学习精神转化为实际的学习环境，为员工营造出了浓厚的学习氛围。

在英特华商学院，军队化、学校化和家庭化的风气与氛围已经深得人心。学员们住在离学院很近的宾馆中，每天早晨 7 点 50 到 8 点 40 商学院安排的是中层 EMBA 的课程，晚上 6 点半到 8 点半安排的是店长培养、运营主管的课程，虽然课程的学习在规定上是自愿原则，但依然每节课都会爆满。课程之所以受到如此欢迎，是因为这种学习过程并非那种传统的理论性专家教学，而是吸收了培训分享模式中的精髓，形成英特华商学院独有的教学体系。

这种体系强调，任何英特华企业内部的员工，只要在某一方面的工作中有所建树和成绩，就有资格站到商学院的讲台上，和大家讲述他的工作和管理经验。例如，某家网店的店长创造了很大的流量，即使他整个店面的业绩并非最好的，但如何创造了这样的流量，依然是不可多得的财富，他就必然会登上商学院的讲台发挥其分享的作用。

英特华商学院中的教学内容同时创造了两方面的收益：一方面，听课者学习到了他人知识和经验体系中最富有成效的精华方面，长期的坚持学习，必然让他们能够学习到更多人的优秀点，打造出更为优秀的工作能力；另一方面，讲课者能够获得登上讲台的“荣誉”，并充分激励他们在今后的工作中进一步发扬其能力和经验中的优点，开发自我更多的潜能。

从企业整体上来看，这样的教学还利于挑选出企业中的优秀运营模式，然后对这些模式进行更深的解读和研究，进而在整个企业中进行复制。这样，优秀的运营模式不会被埋没，企业领导者也能够随时根据需要，在企业内部推广更多的运营方法。

商学院另一方面的课程来源也相当有特色——员工培训之后的转训。

在英特华，每年都有相当数量的员工被公司派出参加各类培训。这些培训涵盖了企业岗位业务上的不同方面，从产品营销到团队管理，从个人工作能力提升到组织战略研究，等等。当员工参加完培训回来之后，他们首先需要做的不是将培训成果实际转化到工作中产生业绩，而是走入商学院，对商学院的学员们进行积极的转化培训。

这种转化培训有着深远的意义。通过转训，接受“二次培训”的员工们能够通过讲台上的“导师”，接收到更多来自外界的宝贵知识财富，拓宽眼界，将原本只有一个人获得的知识财富转化为一大批员工都有的知识财富。同样，进行转训的员工，也能够通过具体转训，从而进一步整理自己在培训中获得的知识和经验，明确自己即将进行的改变方向。这样，培训得到了不断延伸，知识得到了不断复制。

为了促进这样的培训向转训的延伸，杨志明要求公司做出奖惩两方

面的制度规定:

很好地将个人培训成果通过商学院教学进行转化的员工，企业将给予充分的表彰，从物质到精神上都进行奖励，并在适当时机进行职务上的提拔。

而对于那些不能将个人培训成果和大家进行积极分享的员工，企业则会给予惩罚，而这种惩罚有一个专门的“罪名”，称为“知识贪污罪”。这个“罪名”在英特华的管理制度体系中是相当严重的，一旦确立这样的“罪名”，企业再次进行外派培训时将不予考虑这样的员工。

有了这样的奖惩制度规定，英特华外派培训回来的员工踊跃地走上讲台，将个人的学习成果积极地和商学院进行分享，取得了很明显的转训效果。

目前，以商学院为主的培训课程和体系，已经越来越成熟。英特华商学院直接培养的人数也不断翻倍增长，从最早的一两百人发展到数千人，犹如一所真正的学校那样融洽自然。同时，由于英特华主要和杨志明家乡安徽的院校合作，不少商学院的学生都来自安徽，因此新员工在商学院这个平台中就能够相互熟悉，不会有什么陌生感，而是有更多的归属感。

杨志明说，英特华商学院对员工的培养，会被员工所接受和认同，这是企业对员工潜移默化的影响和教育。而通过商学院所打造起来的创造型员工团队，也会对英特华的企业文化有更多的认同感，对推动英特华未来的发展有更多的使命感。

在创建企业学习文化的过程中，英特华有了大量积极的实践经验，并取得了相当丰硕的成果。然而，英特华人并不会躺在既有的学习成果上，因为拥有了学习的基因，意味着作为一家企业，英特华将会不断改变既有、不断吸收新知、不断创建未来。

创新型团队的基础

只要对英特华有一定的了解，就能注意到下面的事实：在英特华的高管团队乃至员工团队中，无论是刚刚入职不久的成员，还是已经在英特华企业文化中浸润很久的人，大都具有强烈的创新愿望。而这种特点，来自他们对这样一句话的深刻印象："鼓励离谱、追求靠谱、看清必然、驾驭偶然"。

这句话最初是杨志明对自己的工作所提出的准则。随着英特华事业的扩大，原本是杨志明个人工作准则的这句话被越来越多的英特华人所认可和接受。

在对这句话真正了解之后，我们能想象出杨志明身为创新团队领导人的显著特点：正因为思想开放而能勇于冒险，才敢于提出"鼓励离谱"的口号；正因为脚踏实地而能一针见血，才能做到"追求靠谱"的努力；正因为具有前瞻性的胆略和能力，才能够提出"看清必然"的原则；正因为有着不同寻常的格局和境界，才能做到"驾驭偶然"的追求。

杨志明用这样的话要求自己并坚决践行，让他能够感召更多的人才进入英特华，他们不仅是其下属和员工，更是他的粉丝和拥趸。

胡元馨，前龙发装饰集团的高级副总裁，因为受到英特华商业模式创新思路的感召，而加入这家企业。当他进入高管团队不久之后，就对杨志明做出了如下评价："从杨总之前做过的事情来看，他做事永远在别人看不懂、看不明白的时候，一开始说他不靠谱的时候他坚持做，却能把不靠谱的事情做的靠谱了。所以杨总的胸怀足够大，有很高的前瞻性，是一位很好的领路人，同时做事又比较有毅力，这些方面都是值得我们追随的。"

正如所言，不论在何种时代中，商海中会做梦、敢做梦、懂做梦的人，才有机会成为日后的赢家。在互联网时代，这一点表现得更加明显，因为互联网经济模式的兴起，决定了并非资本或者人脉就能够控制一切，而是需要统合运作各种资源的创新思维才能控制好一切。企业家必须从自身做起，拥有超前的创新思维，才能在互联网商业时代的个人竞争中先为自己打造一席之地。而杨志明个人的创新思维，正是体现在他对客户需求的全面理解、对企业全渠道营销模式的全新认识、对互联网大数据的本质认识，以及对新商业模式的颠覆性构建上。

在杨志明得十六字"口号"中，"鼓励离谱"，意味着在团队中，想法和创意可以天马行空、无拘无束。一个缺乏想象力的团队，不可能成为创新型团队，同样，一个缺乏想象力的员工，也不可能在英特华成为好员工。杨志明要求英特华的每个人面对工作都要大胆为思维插上想象的翅膀，能够想出不同的点子、方案，哪怕这些点子和方案在他人看来是不太实际甚至完全不可能实现的。

之所以如此，是因为杨志明知道，在这些看似离谱的点子和方案中，很可能有着未来企业可以选择的道路。

即使是杨志明自己对英特华发展目标的设计，在最初看起来也有些离谱。当他刚刚创立英特华公司的时候，将年销售额定在下面的目标上：第一年，1000万；第二年，1个亿；第三年，10个亿。在当时看来，这个目标似乎有点太高调了，但实际运营下来的结果证明，英特华完全能做到。

正是因为有离谱的想法，一个团队才能有充分的动力和勇气，去挑战眼前的市场，去应对周围的竞争。如果一家企业的土壤中根本产生不了让人眼前一亮、心中一动的想法，只能产生平庸的观点，那么这家企业的管理和领导一定出现了问题。而这，才是杨志明强调“鼓励离谱”的重要原因。

当然，仅仅有离谱，又不足以让团队成为创新型团队。因此，杨志明除了鼓励离谱之外，同样重视团队的“靠谱”文化，即强调员工既要有超乎常人的想象能力和思考能力，也要有不同一般的规划能力和执行能力。

在“追求靠谱”的过程中，想要更早地看到成功的现实，就要懂得“看清必然”。必然，意味着市场中的时间、空间、潮流等环境趋势，这些趋势会影响到身处市场中的每一个企业、每一个团队。

没有大环境的影响和推动，仅仅靠企业自身的努力，是很难获得出众业绩的。杨志明坦言，在今天这个市场环境中，如果他不是选择了英特华现有的电子商务道路，而是迷信自己的资金、人脉和能力，选择了传统的实体图书店而不做任何顺应时代的改变，那么，发展到今天，不用说取得目前的成绩，就是生存下来也很困难。

同样，在杨志明自身对英特华的管理和领导中，不仅把握住了“势”背后的必然性，也看到了“势”背后的偶然性，即“驾驭偶然”这些偶然性很有可能成为企业前进道路上的陷阱，如果不能提前预见这些陷阱，就有可能导致企业的困境。

例如，在英特华的发展道路中，业绩飞速发展，但这并不意味着毫无问题。2013 年，英特华发展到第三个年头后，杨志明看到了这一点，他要求企业必须将营销额控制在 3 亿到 5 亿之间，即使原本目标定在 10 个亿，也不允许突破现有的标准。

为什么要对一家企业的业绩进行限制？通常企业家的头脑中，很少有这样的“弦”。但杨志明就是有这样的战略眼光，他相信，在企业高速发展的过程中，必然有着不少偶然性风险，只有采取提前安排，才能做到防范风险。这样，企业家才能驾驭偶然。

在管理英特华的过程中，杨志明还时刻加强对企业高层团队的管理。他要求，企业高管团队必须做到下面三个方面的挑战：首先是做到挑战历史；其次是做到挑战标杆；最后是要挑战未来。

挑战历史，意味着引导企业高层看到过去，用企业的今天和昨天积极比较，看准企业有怎样的进步，是否达到过去制订的目标。

挑战标杆，包括高层必须要看到目前不同行业中领头企业的优秀点，并制订出相应目标进行“抄、改、超”。

挑战未来，即要求高层队伍能拥有积极的思维模式，能够做到用未来的思维来思考今天，用今天的努力去创造未来。只有在这样的要求下，企业的领导层团队才能具有更快的反应速度、去寻找发展的新思路、新出路和新方法。

在杨志明看来，中国许多企业的规划只能称为计划，即将企业目前的工作计划进行延伸，决定企业在下一个时间段应该做怎样的工作。但事实上，真正的规划必须是对趋势的把握，同时根据企业想要获得的成果进行有效“倒推”，最终明确企业下一步应该做什么。这样，通过规划，思想创新和尊重实践这两大成功要素就能在企业高层领导团队的工作中得到有效统一。

目标的公众承诺

曾经有人说过，最好的激励方法，也比不过企业的激励制度；而再好的激励制度，也比不过企业内部适度的市场化。的确，一两次的激励无法形成制度对员工目标的明确形成保障，而内部市场化的方法，则可以让这种激励制度更好地为员工所接受。

其实，英特华内部的市场化，不仅表现在直接的激励制度上，还表现在其内部员工的晋升制度中。

在晋升制度上，不少企业选择直接招募职业经理人进入团队担任管理工作。杨志明并不太喜欢这种源于西方管理理论的模式。从最底层一步步走上来的他，对中国人的商业思维、团队特点有着相当深入的了解，这种了解让他一针见血地看到，在英特华，不太适合采取“空降”的做法，而很有必要采取从低到高、逐步晋升的提拔方式。这种方式不但能够实现企业团队的平稳建设，更能够对员工做到有效的激励。

在英特华，员工的晋升阶梯是可以精确到每一环节。当员工进入英特华之后，面临的是三个月的实习期。在英特华强大的流程培训体系下，可以确保绝大多数人通过三个月实习就能胜任工作。而接下来他们要面临的就是工作生涯中第一次重要评价——是否可以担任新员工的带领工作。

杨志明说，如果一个新员工通过实习的锻炼，能够在之后的工作中将流程烂记于心，能够教会给别人，成为新员工的“师父”，那么他就一定会得到提升，成为带领五个人左右的“店长”。

而当店长在实践的工作中具有了人才培养意识和能力，可以带出出三五名新店长时，他就会被晋升成为事业部经理。

当事业部经理能够不断提高部门业绩，并同样“孵化”出三五名新的事业部经理后，他就能够被提升为总监级别的管理人员。

由此，人才将会脱颖而出，从总监提拔为总经理，甚至直接成为执行董事。

当员工成为执行董事之后，他将获得的“激励”就是放弃自己的薪资，获得其业务的股份，成为英特华企业中的一名“老板”，拥有自己的公司。

实际上，这样的晋升阶梯，对于英特华的每名员工都是充满激励意义的。员工个人的能力固然有区别，每个人的职业愿望也有不同。但他们都能在这样的阶梯中找到属于自己的位置，并设定自身的短期和长期目标。

举例来说，一名普通的员工，只有经历了三四年的工作锻炼，积累了丰富的工作经验，遇见了足够数量的管理案例，他才能有资格去挑战成为事业部经理。这样，职位阶梯对于员工的激励，就不再像提薪、表彰等激励模式那样，容易陷入短期激励的恶性循环中，而会成为伴随员工整个职业生涯的长远动力。

对于内部职位晋升阶梯的激励目标，杨志明用两个数字来形容:“英特华要在三年内打造500名老板，1000名总经理。”

事实上，这样的激励方法，比起简单的承诺、直接的薪资提升要更有效果。因为这样的激励会真正打动员工的内心，会让他发自内心地愿意将个人的事业同企业的发展壮大紧密联系在一起。杨志明不乏幽默地说，在传统的激励模式下，整个公司只有老板和高管几个人“睡不着觉”，不分日夜地思考怎样才能打动员工、激发活力，而在新的激励模式下，由于公司愿意将职位、将荣誉，甚至将股份都拿出来和员工分享，最终“睡不着觉”的将是员工。

当一家公司因为采取了正确激励模式，而拥有了成百上千为了公司事业而“睡不着觉”的员工，这样的公司又怎么会不发展壮大?

吸引高端人才

英特华从发展开始，就将高端人才看作企业发展的重要动力。杨志明经常和下属们说：“任何资源都可以是死的，但只有人才这样的资源才是活的。”拥有了高端人才，企业就能从他们的创造性中获取无限活力，延续企业的发展和创新。

为了让下属们了解到什么样的人才最重要，杨志明和他们分享过这样的故事：

有个人来到宠物市场，看见一只会说话的鹦鹉，问了问老板价格，回答是“200 元”。接着，老板又给他推荐了一只会说两国语言的鹦鹉，价格是 400 元，另一只会说四国语言的鹦鹉，价格是 600 元。

正当这个人啧啧称奇的时候，他发现墙角有只鹦鹉，始终不发一言，沉默地站在笼子里，看上去其貌不扬。但笼子外面的标价牌却是 800 元。

“难道这只鹦鹉会说更多的语言吗？”这个人好奇地问道。

老板摇摇头说：“不。它从来没开过口。”

这个人更加好奇：“那它为什么这么值钱？”

老板说："我也不知道为什么，但其他鹦鹉都喊它老师。"

杨志明第一次看到这个故事时觉得很有意思，但很快他就发现，企业用人的规则，和这个故事有着相通之处。在市场中寻找"200元的鹦鹉"并不困难，但如果企业中充满了这些"200元的鹦鹉"，一旦企业招聘到"400元的鹦鹉"时，原来这帮水平普通的鹦鹉，就会对新来的鹦鹉指手画脚，乃至要团结起来将它赶走。

相反，企业必须要先找到"800元的鹦鹉"，将重任交给他们，甚至将招募其他鹦鹉的任务都交给他们。这是因为，"800元的鹦鹉"并不会仅仅因为薪资水平而被企业吸引，更多会被工作的愿景和梦想而吸引，如果他们真的认可了企业，就会带动更多自己的朋友、同事、同学加入企业，充实企业的人力资源库。

能产生这样重视高端人才的企业文化，同英特华成立之后的经历也有紧密联系。在英特华创立之初，几乎没有任何专业的电商人才，杨志明回忆说，那时候自己去邀请的所有专业人士，说出的电商营销知识都让他感到陌生和遥远，难以进行真正的交流，更不用说让企业主动吸引对方。也正是这个原因，英特华的创立基石，就是他这个饭店老板带着十名"伙夫"打造的。

这种创业之初的窘境，让杨志明和他的团队感到痛苦。为了解决这样的问题，杨志明决定从身边的资源来寻找高端人才。但是，即便是他原本认识的相关人才，也很少有因为一番话就愿意跳槽的。大家都在观望，杨志明这样一位开饭店的老板，为什么要做电商？他能做好吗？

在现实面前，杨志明清醒地看到，必须要让大家看见英特华的成长，看到平台的扩大，才能获取高端人才的信任和关注。于是，他开始安排自己的“饭局汇报会”。

所谓“饭局汇报会”，就是杨志明每两个月安排一次饭局，邀请自己看重的人才参加。在两个月前，他会将自己的目标告诉这些朋友，而在接下来的两个月中，他会着重将工作精力投入到这些目标中，到饭局时，无论目标实现多少都会向这些人才进行通报。这种模式，让诸多高端管理人才的注意力渐渐被英特华的发展所吸引。与此同时，公司的每年年会，杨志明都会邀请这些高端人才的家人进行沟通，介绍行业的发展趋势、企业的运营状况，等等。

随着这样的联系越来越紧密，再加上风险投资的进入，高端人才们终于看到了英特华这个平台的吸引力。杨志明不失时机地给出承诺，只要对方愿意进入自己的公司，就将分公司的20%股份给予他们，这样的现实利益，加上之前积累下的情感，让人为之所动，纷纷投入到英特华，造就了英特华今天的精英管理群体。通过这样的吸引方式，杨志明认识到，企业想要获取高端人才，很难通过简单的招聘、猎头推荐等方法一步到位。相反，只有通过企业老总亲自“猎取”。

除了用这样的方式吸引人才外，英特华还经常用培训、沙龙、论坛的方式发掘高端人才。杨志明引导他的下属们认识到，英特华企业的所有对外交流活动，并不只是一种企业文化的传播，也同样是对外界人才资源的一种吸引。很多来参加活动的人，事实上都或多或少地抱有对英特华的关注，在这种机会动力下，企业就可以通过同这些人才进行交流，并对他们的个人能力、素质、愿景、目标和性格进行观察和分析。

杨志明说，在传统的高端人才招聘试用评价录用的模式中，最难以回避的问题就是招募一名人才之后，试用三个月，却发现对方根本不适应企业，反而将团队搅得一团糟。反之，传统模式对高端人才个人的发展而言也并无太大保障：他们无法有效地全面了解企业的特点，无从明确自己是否能融入企业，只能从企业家给出的薪资上得到数字承诺。一旦他们发现自己和企业之间无法磨合，将很容易造成双方利益的损失。

英特华通过培训、沙龙和论坛等活动去吸引并了解人才，不失为非常明智的方法。这是因为，活动本身和企业的实际业务工作没有直接关系，但同样产生“试用”的效果，它的确是用来衡量和比对高端人才的重要方法。有了这样的机会，能够让企业认识和评价高级人才，也能让人才由浅入深地了解企业，对双方而言，显然比起传统的招聘模式都要好得多。

当然，不同于传统方法的人才吸引模式，还源于英特华高层人人都具有一双善于识别人才的慧眼。为了将这种“慧眼”加以发扬光大，英特华将进一步依靠“天下之才天下人取之”的文化进行人事管理，让员工真正成为企业的宝贵财富。

天下之才天下人取之

在英特华，看待一个员工是不是能够胜任更高职位，是不是能获得更高薪资，其最重要的评价标准，就在于观察他能否建立起足够大的利益共同体。而这样的共同体，必定是从其个人发源，并能够为整个英特华带来更多利益。

杨志明在打造企业文化的过程中，时刻注重员工和企业的利益共享精神。这种共享不仅包括企业对员工的利益分享、员工对企业的利益贡献，同时更看重员工和员工之间的共享。

可以说，共享精神，是英特华人创业之初就具有的宝贵财富，也是杨志明作为优秀企业家一路奉行的信仰。杨志明说，从他开始做图书时，就发现自己缺乏种种能力。诸如图书仓库的管理、物流的配送，甚至是办公软件的使用，等等。但是，人各有所长，杨志明选择的方式并不是让自己成为每一个领域的“行家”而是扬长避短，发挥优势，将“共享”的资源更快更好地变成现实的竞争力和生产力。

正是因为有了这样的共享思维，杨志明身边才慢慢有了朱周明、汪族伟等各自有着不同能力和特点的伙伴，他们各自发挥所长，支撑起了英特华发展的框架，形成了英特华的“命运共同体”。

由于有这样的个人管理经验，杨志明更希望在整个英特华都推动和复制利益共享的模式。为此，英特华规定，整个公司的员工都可以是“人事部门”的员工。杨志明亲口对员工承诺，如果你能够感召店长级别的人才加入公司，那么你就能成为事业部经理；如果你能感召事业部经理级别的人才加入公司，那么你就能成为总监；如果你能感召总监级别的人才加入公司，那么你就能成为总经理……其中的道理不言而喻，如果一个人有能力吸引、感召一定数量和能力的人才，那么他就有能力组建好一个利益共享的团队。而当这个团队能够围绕这个人成立，英特华就能通过对这个人的任用，进而掌握不同类型、不同规模的团队。

这样，整个英特华就会成为一个巨大的利益共同体，这个利益共同体最终将无坚不摧，在市场竞争中取胜。

为了更积极地推动员工吸引人才、招募人才并组建团队。英特华建立了明确的奖励机制：凡是能够招来一位总监，给予 20000 元奖励；能招来一位事业部经理，给予 10000 奖励；一位主管，给予 5000 元奖励；一位店长，给予 2500 元奖励；一位普通员工，给予 500 元奖励。这样的奖励机制传递给员工之后，员工对企业的向心力明显增加了，主动建立团队的意识也增强了。

杨志明特意拿非奖励机制下和奖励机制下的员工状态进行对比：。在其他企业中，由于缺乏团队组建奖励，员工在和外界交流时很容易将自己工作中的负面情绪传递给外界的不特定人群。这样，企业经营中不可避免的一些缺点、错误，就会在口耳相传的过程不断放大，造成企业品牌形象的破坏。

反之，有了奖励机制之后，员工们不论是工作还是休息时，都会紧紧绷住“企业就是团队”的这根弦，他们会不失时机地将自己在工作中对公司优点的观察，转化为充沛的正能量，并运用这样的正能量去吸引更多人才进入团队。

杨志明甚至想到用“下拉上”的方法激励员工拿到这样的奖励。他告诉那些级别相对较低的店长、客服，虽然你们现在工作经验较少、工作年限不长，没办法认识那么多总监、总经理级别的人才。但是，你曾经的上司不正是你拥有的资源吗？你为什么不去选择向你原来的上司介绍我们英特华公司呢？

在这样的启发之下，不少基层员工明白了团队的打造也有自身的责任，也有贡献自身力量的空间。他们中的不少人会经常和原来的上司联系，汇报自己在英特华中的新工作、新感悟和新进步。还有不少人则主动将英特华企业的运营模式、文化特点、近远期目标、发展愿景等等，整理成文字材料，通过不同的邮件、传真方式发送给原来的上司，和他们共同分享自己在新工作单位的收获，并进一步推动上司跳槽。

一开始，公司里并不是所有人都看好杨总所打造的“下拉上”团队共建方法。但是，在推行了这样的奖励机制后，杨志明渐渐发现，一些主动发来的陌生邮件变多了，这些邮件几乎无一例外是以“推荐高级人才”为主题的，甚至不少邮件是在深夜发来的……

通过这样的方式，员工和员工、员工和企业之间，心往一处想，力往一处使，共同创造共享价值，为企业的建设和发展形成了良性循环。

FROM A COOK

TO A BIG SHOT IN E-COMMERCE

第七章

模式决定产业的发展

图书产业联盟诞生

产业联盟的概念，实际上早在电商之前就已经产生。但是在英特华集团的运营中，围绕图书产业进行的跨界联盟，其效果表现得尤为明显。正是有了在实践中进行的充分而合理的跨界，才能让产业得到更加多元化的发展空间，形成由更多资源整合进入的产业联盟。

“原本无界，何谈跨界。”的确，如果说在传统商业模式背后是分野清楚的行业思维、市场思维、用户群体思维、产品功能思维，那么在电商模式中，这些思维都必须被完全颠覆。取而代之的，应该是行业和行业、市场和市场、产品和产品之间界限的取消。如果没有这种建立新模式的勇气、创意和眼光，企业家就无法从旧思维中走出来，去打破原有的框架。

杨志明曾经拿市场上一个很有浪漫特点的商业案例来作为例子。

情人节每一天的玫瑰花、安全套和酒店钟点房的销量，恐怕是整个市场单日最高的。在传统思维中，从来没有人想过将这三个产业捆绑在一起。

然而，某一次情人节，某位根本无节可过的宅男或者宅女，突然灵机一动，想到了很好的商业模式点子。他或她首先联系了酒店方面，早早包下当天所有的钟点房，然后又联系了玫瑰花店和安全套销售商，预订了当天的产品。

最后，这位宅男或者宅女将销售信息挂上富有影响力的网站做广告，宣布情人节当天免费赠送玫瑰花、安全套，前提是购买酒店的钟点房服务。

第二天，当无数新的情侣在城市中诞生时，这位懂得跨界的宅男或宅女也取得了其人生的第一桶金。

举这样的例子，总是能让员工和培训对象们感到心领神会，在油然升起的笑意中获得对“跨界抱团”的更深刻理解。

有了这样的理解，英特华的跨界经营模式也就更加容易了。

在跨界经营模式中，企业营销所触及的层面已经不仅仅是产品、品牌，而是深入到资本层面。这样的深入是近乎革命性的，原本功能性的产品，在杨志明的眼中，已经不再是单一赢利的工具，甚至根本不需要赢利，而是摇身变成互联网时代最强调的“流量”。只有拥有超过他人的“流量”，英特华才能有实力和资源去搭建产业联盟，进行跨界联合。

当然，在英特华的图书产业中，跨界并不像“情人节”案例那样简单。图书原本是较为独立的产品，在传统商业思维中，图书业被看作历史悠久的文化产业而不与其他产业发生跨界，更谈不上组成什么圈子。但在英特华这里，图书跨界因为“流量”的概念而组成圈子，这样的案例层出不穷。

2012年，正是中国养生书籍热销的年头。那一年，全国有数百本养生书籍面市，许多人都在这样的出版营销浪潮面前选择适合自己的书籍，学习养生保健知识。这时，英特华旗下一家专营养生书店的店长，设想出“泰山顶上的养生课”的活动。

在这次线下活动的组织中，企业首先找到讲师——国内养生知识界的某位专家；其次，利用养生书籍网店的巨大影响力，在“养身俱乐部”会员圈子中发起活动；另外，还通过跨界合作的模式，和旅行社进行对接，按照普通旅行团队谈好价格。

随后，数十万会员都获得了邀请，其中一些人表现出浓厚的兴趣。最终，这次“泰山顶上的养生课”顺利进行。

这次线下活动，固然来自O2O商业模式的精妙运用和设计，也同企业掌握的大数据无法割舍关系。但更重要的基础，在于企业的员工掌握了“跨界思维”。在英特华人眼中，自己卖的不再是书，而是种种不同的概念，不同的服务。这样，书作为产品，和服务进行了全面的结合，并打造出跨界的组合拳。

之所以需要进行积极的跨界，是因为单独依靠企业自身的产品，并不能打造出杨志明想要的营销效果。在这个产品同质化越来越严重的时代，如果企业家不能进行跨界组合的模式运作，那么单纯的产品营销很容易变成不必要的价格战，即使获得市场优势也难以持久。

在广泛的基础上，英特华积极利用外界资源进行跨界组合；而在其企业内部运营中，英特华也注意运用跨界思维，将不同类型的产品进行捆绑结合，形成自身的跨界组合。

还有这样一个案例：

通过某出版社的介绍，杨志明认识了一位做国家级某职业考试培训的专家。这位专家每年都会推出自己的考试辅导书籍。然而，由于种种原因，之前的销量并不算太理想。

杨志明知道这个情况后，和专家、出版社的朋友一起研讨，最终规划出这样的方案：专家继续负责编撰其辅导专著，出版社继续负责出版，而销售交给英特华来做。

但前提是貌似“苛刻”的，英特华必须按成本价从出版社拿货。

专家和出版社的朋友一开始没弄懂杨志明的模式。但很快，杨总帮助他们看清楚了其中的利益模式。专家自己的公司有一个收费的培训网站，利益完全可以从这个培训网站中获得，也就是说，低价销售的图书只是个吸引产品。具体来说，可以采用在图书封底附赠免费会员体验卡的方法，让购买了本书的消费者主动进入网站注册和学习，当他们感受到学习带来的收益后，就会进行续费，这样，利润不就产生了吗?

合作伙伴们恍然大悟，围绕这本书的策略也就此达成。

合作的第一年，专家和出版社就提出，低价将产品交给英特华，而且不是成本价，只是成本价一半的价格。当年，在英特华的操作下，专家和出版社都获得了丰厚回报。

合作的第二年，专家干脆提出，这本书的所有产品全部免费交给英特华。这意味着英特华将会几乎无成本运营这本书。

不久之后，杨志明对这种跨界合作模式进行了更大范围的复制。

英特华开始打造出自己的培训网站，而这样的网站也需要源源不断的访问和购买流量。为了拿到市场中存在的流量，英特华同众多教材主编进行签约合作，给予主编很高的提成，但要求主编必须只到自己的网站来上课，同时向出版社承诺由公司来包销教材，并大幅度提高销量——事实上，英特华并不需要真正想办法去大力提高销量。对于承诺提高的那部分书籍，杨志明甚至只用一句话来解决："卖不掉就销毁，算作成本。"

在付出这样的成本后，英特华得到的是对顾客流量近乎全面的垄断，而之后的步骤才是跨界组合模式赚钱的重点：

在英特华手中买到考试书籍的顾客，每个人都能得到附赠的一张培训网站消费卡，庞大的顾客流量会带来对培训网站大量的消费……

接下来，一切顺理成章，有了天量消费的培训网站，进一步拿到风投，进一步扩大经营，也就毫不困难了。

这样的模式还可以双向化地进行。

比如，报名参加了公务员考试视频培训的顾客，交纳 1800 元的报名费后，就能免费得到一套完整的培训教材；如果报名参加了线下包过班，交纳 28000 元的报名费，就能免费得到价值 1800 元的视频教程……这样，不同消费需求、不同心理期待的客户，都能够在图书和培训业的相互跨界中得到充分收获。

又如，在一次培训中，杨总认识了著名的围巾品牌"羚羊早安"的老总，这家企业在电商平台上每年能销售数亿。两个人围绕商业模式交流之后，杨志明了解到，对方也有出书来宣传企业品牌的想法。于是，敏锐发现合作商机的杨志明提出，可以免费为"羚羊早安"出书，代价则是采取“以物易物”的方式，拿到对方的定制围巾产品。

由于采取了这种交换的方式，杨志明很快和对方老总谈妥。拿到这批围巾之后，他将之作为著名企业为图书会员消费者特别定制的产品，打折在其电商网店中推出，收到了很好的效果。

这种以物易物的模式，在此时只是其发端，而后来会变成英特华集团搭建的更大平台。在英特华做的培训客户中，有 500 多家不同种类、不同行业的公司，而英特华却能够提供将近 40 多个不同产品类目、具有丰富经验的培训师。

这些培训师从哪里来？一般的培训公司根本无法找到如此种类齐全、人数众多的培训师，即使找到，也没有真正丰富的从业经验或理论知识。

但是，杨志明做到了，他从包括天猫、当当、亚马逊等不同电商网站的平台上，找到了其不同产品类目的从业员工，其中有许多人都是在各自产品类目中工作多年的业务领导。通过这样的“挖角”，然后进行充分培训，英特华公司就拥有了充分可靠的培训师队伍。这些培训师精通不同种类产品的营销逻辑，懂得怎样为企业带来最有用的服务。

有了跨界的思维和丰富的人力资源作基础，图书产业联盟的成立就顺利许多了。杨志明打算成立 40 家电商旗舰店，这些旗舰店分别代表某一个产品门类，其归属权可以是英特华的，也可以是和其他企业合作的，最终成为 40 个标杆，获得足够销量和数据，打开更多的渠道。这样，又能够更进一步促进“以物易物”的产品利益交换模式。

图书产业联盟的成立，正在不断地成熟，围绕着英特华的图书销售，更大的跨界产业联盟正在成熟。

从英特华的发展过程中可以看出，跨界本身就是对规则的一种颠覆，并不需要太多的清规戒律，更需要的是企业家主动探索的精神和随时进行整合的执行力。跨界需要的不是简单的行业流程，而是要为企业、顾客和合作者三方面构建一个完整的生态链。在这个过程中，企业家要精心设计整个产业链条组织，要在互联网平台上进行产业化布局，布置出足以让对手无从应付的众多模式。

互联网时代下，越来越多的企业可以发现自己的跨界空间，在这个资讯和物质不断丰富的环境中，每种产品都有可能找到自己的捆绑产品，每种营销模式都能嵌入新的因素。

商业模式的魔力

电商，在曾经的中国商业领域中，只是一个让人感到些许陌生的名词，而在今天，电商随着一个个企业的加入，已经成为中国商业崭新而庞大，同时富有生机的圈子。通过“双十一”活动，人们就能看到它有着怎样的魔力。“双十一”，目前已经成为富有中国电商特色的购物狂欢节，其影响也有着越来越大的趋势。不少曾经担心过电商圈子的模式是否能带来足够收益的企业，在这一天都取得了上百万乃至上千万的良好业绩。

在企业自身电商商业模式构建过程中，企业必须首先关注自己能够为客户创造出怎样的圈子。只有当客户感受到自己所处圈子的价值和力量后，他们才会愿意掏钱埋单，从而实现商业模式中关键的价值转换的一步。

不妨看看来自英特华集团的实例：

英特华有一家专门的会计资格考试教材的书店，这家书店从成立以来，吸纳了大批会计专业资格的顾客，并通过统计数据，留下了他们的相关联系方式等情况。很快，在企业业务发展过程中，有位专门培训会计资格考试的专家进入了杨志明的人脉圈，他了解到，这位专家对命题方向把握得非常准，经过他辅导的考生，通过率非常大。于是，在杨志明的邀请下，这位专家被英特华人的诚意所打动，双方展开了合作，成立了会计资格考试考前保过班，然后再利用这家书店所成立的“圈子”，获得了大量的生源。最终，这次合作效果非常好，从英特华到专家个人都有很好的利益，而考生的通过率也大为提高。

早在英特华集团走电子商务形式的图书营销之初，就相当注重使用“圈子”模式。这家企业在不断发展的过程中，仅仅在天猫平台上就有30多家图书商城，对于大多数企业而言，开设如此多的分支商城，就很容易产生“自相残杀”的内部过度竞争。为了防止产生这样的情况，英特华集团对这些图书商城进行了划分，划分的依据就是根据消费人群的不同，即“圈子”的不同。

对于这种划分方法，杨志明谦虚地笑言，是因为自己既“不懂”书，也“不懂”电子商务，所以只能根据人的因素来划分。为此，他还举例说，自己在图书库房不会打包图书，在电脑面前不会发邮件。因此，当他看到图书行业原有的分类方法后，基本上是不愿意采纳的，恰恰相反，他更愿意根据消费者的人群特征来进行对产品的划分，来构建公司门店的“圈子”。

在这样的指导原则下，英特华的图书门店被分为：公务员考试类、养生类、考研类、时尚女性类、母婴类等等。根据这样的原则，不同的图书门店就成为不同的“圈子”核心，围绕对这些圈子核心的把握，英特华将所有用户构建为二三十个大“圈子”。

拥有这样能够为客户精准定位的圈子，对英特华而言，对任何一个企业而言，都是一笔重要的财富。因为有了“顾客圈子”所能提供的大数据，接下来对商业模式的构建才更好做。

未来的时代，必然是大数据的时代。而仅仅有大数据是不够的，大数据的价值和作用，还要体现在其数据的精确性和针对性上。正因为对书店门类划分的细致，英特华才能拥有这些圈子，以及对顾客圈子掌控而获得的精确数据。

顾客圈子对于商业模式而言异常重要，同样，企业和企业之间所结成的圈子也决定着其中成员的发展走向。当企业进入一个圈子之后，只有顺应这个圈子的发展趋势，才能从中学习到良好的经验、看到清楚的未来。

未来的电商圈子，其发展趋势将更加明显，企业置身其中，积极顺应这种圈子的走向趋势，才能更好地把握其魔力。

首先是圈子个性化的趋势。由于电商圈子具备了互联网精神所强调的交互性，能够很好地让每个人都参与到自我表达过程中，这样，消费者就能把个人的偏好融入到商品设计、制造和服务的过程中。

其次是圈子专业化的趋势。由于电商圈子已经发挥了对于个人消费者的强大影响力，面向这样的趋势，未来能够在这个圈子中向消费者提供一条龙垂直服务的企业，将会有更大的发展前景。也正是这个原因，越来越多的大企业依托自己原先具有的雄厚资金优势，做大垂直网站、营销网站。

再次是圈子国际化的趋势。中国电子商务企业的圈子，将会随着国际电子商务大环境的不断规范和完善，越来越扩大，全面走向世界。近年来，国外电子商务企业圈子对中国市场有着良好的影响作用，其先进的管理方式、规范化的服务内容，也会对中国电子商务企业圈子的不断发展壮大带来良好收益。这样的优势下，加上中国制造业的转型，电子商务圈子将会走向国际，并开拓国际市场。

接下来是圈子区域化的趋势。由于中国各地区经济发展不均衡，事实上存在商务上依托不同省份、不同地区而形成的圈子。因此，在未来相当长的一段实践中，发达地区的电子商务圈子将会呈现出更加井喷的扩大态势，并能够迅猛发展。这些“区域圈子”包括江浙沪、京津地区、珠三角地区，同时也包括新兴的二三线城市区域。这样的变化，将会加强 B2C 电子商务模式的区域性特征。能够顺应并把握这样的趋势，才能确保企业进入更大的圈子中生存发展。

最后，是圈子融合化的趋势。目前，在电商圈子中，大量的商务网站处于重复建设的状态中，其定位或者相同，或者相近，其业务内容趋于相同，导致竞争更加激烈，而最终结果就是少数企业最终能够胜出。不过，在竞争过程中，不同类别的电商网站之间的兼并会成为一种互补，而最终能够处于顶尖位置的电子商务企业，无论在资源、品牌还是客户规模上的优势，都会得到很大扩充。实际上，观察国外电子商务圈子发展扩张的过程，正是采取了不断收购的策略，包括互补性收购、结成战略联盟等等。这是因为圈子中不同成员在资源方面必然是有限的，而客户需求又是全面的，所以，通过不同方法来进行融合，最终相互协作，也是圈子发展的势在必行。

在把握电商圈子发展趋势的道路上，英特华相对来说走得更快一点儿、学得更多一点儿。这家企业看起来只是在天猫、亚马逊、当当、京东等不同电商网络平台从事图书销售，但如果对它进行抽丝剥茧的深入分析就能看到，英特华其实是利用“圈子”来玩转不同商业模式，进而在竞争中取胜的电商。而随着其进步和发展，英特华还将成为新圈子的创立者和核心，将会把更多“圈子”的玩法推而广之，从而帮助更多企业转型电商。

资源整合力就是竞争力，整合出他人没有的优势资源

企业走进正确的“圈子”，意义重大而影响深远，当企业走进不同的“圈子”，意味着将利益提供给合作者，但同时，也意味着从合作者那里获取利益。如果企业的领导者意识到这一点，不断进入新的“圈子”，就能为企业带来不同的利益来源。进入电商圈子，意味着企业获得了新的机会，甚至是获得了新的生命。

时至今日，放在传统企业面前的问题，不再是是否需要走入电商圈子，而是怎样走入电商圈子。对此，杨志明有这样一段精辟的论述，这段论述也来自英特华自身转型的经验。他说：“传统企业向互联网转型没有捷径，如果有的话，就不算走弯路。传统企业要多走访一些成功的电商企业，要异业复制，同业联盟，把其他行业做电商的玩法和经验迅速借鉴复制，并生成新的玩法。不要把互联网看得太深，电子商务其实是商务电子化。工具改变世界的时代，要把互联网当成一个工具。其次要从客户的需求着手，满足客户的需求，发现客户的需求，创造客户的

需求，并挖掘客户的需求。”

其实，大到一个企业，小到人的个体，都需要在不同阶段进入不同圈子。这样才能不断地锻炼自己、充实自己，不断地获得新的资源整合力，利用自己获得的优势资源提高竞争力。

杨志明曾经说过，他的成功过程，来自不同圈子的影响。最开始，是在他的大学同学圈，在那里，他能够获得同学的充分支持，从地摊上淘到第一桶金；接着，他误打误撞进餐饮圈，在那里，他完成了资本和初步积累；后来，他重新走进了学习的圈子，从此酷爱对商业模式的研究学习和实际操作，并乐此不彼；现在，他进入的是电商圈子，在这里，他走进互联网的世界，了解到如何去学习和颠覆。

为什么要进入圈子？杨志明的总结是，通过进入不同圈子，你能够学会不同模式的玩法，然后学会融会贯通的使用。同样，进入不同圈子，还能让你有机会将自己学会的多种玩法，运用到新的圈子中。这意味着“异业复制，同业颠覆”。

当然，在进入圈子之后，能够获得的利益并不只是商业模式的操作方法，更意味着能够获得众多支持你的人。

太多的商业实例表明，仅仅懂得一种商业模式是不够的，只有你考虑的商业模式能够获得众多身边人员的支持，有关商业模式的项目才能获得启动，并得到发展。相反，很多企业家都曾经经历过明明看中某种商业模式，却因为身边没有足够支持，导致错过了最好的时机。从这个角度来看，商业模式的魔力能否发挥出来，不仅仅取决于商业模式本身，还在于企业家自己处于怎样的圈子中。

这就是“圈子”的力量，企业家能够将其他人的资源整合起来，融入企业的资源，也能让企业的资源成为他人的资源。在这个过程中，企业和合作伙伴都能受益，而消费者也能得到好处——对这样的多赢游戏，杨志明形象地称为“羊毛，出在猪马牛身上”。用深入的观点分析一下，不难得出结论：企业做任何营销、服务都需要成本，但在电商时代，这种成本并非完全需要企业承担，完全可以让企业家构建的人脉圈子、行业圈子、跨界圈子或者市场圈子来承担。这样，企业才能拥有他人所没有的优势资源，因为“圈子”的力量，最终比单独个体的力量要强大。

不仅如此，对圈子的整合，还意味着创建共赢的模式。杨总说，传统商业模式更强调“羊毛出在羊身上”，所谓“买的不如卖的精”这种民间俗语，就意味着经济活动中的交易更多是一种零和游戏。但在新的电子商务平台上，利用圈子的力量，就能将多方参与交易的资源充分融合利用，让所有人都得到各自想要的好处。

在打造圈子的过程中，杨志明和他的领导团队也在不断地学习、摸索。

这两年来，众筹模式开始红火，越来越多的“众筹咖啡馆”给杨志明带来了灵感，他专门深入研究其创始者“北大 1898 咖啡馆”的商业模式，看懂了其中的游戏规则。

杨志明指出，许多企业之所以设计出了看似很好的平台，最终却难以为继，就在于他们只有相对的“小钱”，却想要把平台不断做大，这样很容易把平台变成烧钱，最终以失败告终。

而“众筹咖啡馆”的赢利模式，其实就是用大钱来办小事，借助的是比金钱还重要的资源：圈子。

例如，“众筹咖啡馆”本身并不是以卖咖啡赚钱的，而是以经营“圈子”挣钱。在咖啡馆设立最初邀请的第一批股东中，会有十来个圈子中最有影响力的人，然后利用他们的影响力，邀请更多的股东，最终会形成上百人的股东集体。即使这些股东每个人只以数万元入股，那么，几百万的咖啡馆项目也足够引起声势，而这种花了大钱办的小事，自然会引起更多人的关注，并获得下一批股东的加入……

当咖啡馆真正运营起来之后，200 名股东所形成的圈子，实际上提供了咖啡馆可以存活下去的动力和资源，而这些股东为了自己能够在事先约定的存活期之后拿回投资、得到回报，也会不断投入咖啡馆的经营管理、活动组织和带动消费。

杨志明说，这就是众筹的乐趣，就是圈子的乐趣。

借鉴众筹模式，杨志明带领英特华打造起属于电商的众筹模式。在江苏东海县，公司布下的正是这样一个棋局。

英特华公司了解到，东海县有大大小小 2 万家企业，从事着和水晶有关的生产、营销和推广经营，这些企业缺少的是足够的电商人才，面临的则是如何在互联网时代加强竞争的局面。为此，英特华主动提出，和该县的大部分水晶行业企业进行资源共享，针对性地派出电商人才，并支持这些企业构建语言系统、大数据分析系统……当企业获得了这些支持之后，生产和营销的数据同时也和英特华共享了，但他们必须将数据储存在云端进行共享，而此时，尝到了互联网好处的企业几乎都愿意付钱使用英特华的云端系统。

就这样，英特华在自己打造的圈子中，获得了数据资源，也获得了真金白银的利润。没有圈子支持的商业模式，就缺乏竞争力，也缺乏足够的赢利基因。

因此，杨志明坚信，企业家应该加入圈子、利用圈子，而企业也需要不断地得到更大更新的圈子，才是真正之道，一个好的商业模式，必须要有圈子的支撑，进而实现多方共赢模式。这是英特华一直坚持的道路，也是将来走向更强大的必由之路。

将资源分配到最需要的地方

有舍才有得。一个企业想要获得迅速发展，企业家必须要有足够的勇气将资源“舍”出去，从而确保资源投入到企业的发展中没有浪费。

从英特华如何掌握人才资源的案例中，我们可以看到杨志明是如何运用与整合资源的。

在英特华，招聘员工的主要来源并不是漫无目的地去人才市场撒网。而是通过积极地和外界进行合作，共享资源并进行开发，从而打造出企业需要的优质人才队伍。然而，这样的道路一开始走得并不顺畅。

最初，公司找到了安徽某高校，经过洽谈和协商，从毕业生中招到一批学习成绩优良的学子加入英特华，成为实训生。但随着实训生的工作经验丰富之后，问题出现了，其中不少优秀的实训生觉得翅膀硬了、东西学到手了，就选择了向外界跳槽。这样，英特华就成了为他人输送人才血液的摇篮。这种情况显然违背了杨志明的初衷。

为了不再眼睁睁看着企业的资源在培训新员工的过程中被浪费，杨志明决定换一种商学院同外界合作的管理思路。他重新选择了一家安徽的高校，然后亲自和校方进行交流谈判，要求校方提供教室、机房、教师公寓等必备的硬件设施，英特华则派出培训师队伍上门进行店铺实战操作的培训。这样的培训为期半年，英特华也不需要承担什么成本。通过文字化、表格化和视频化的流程培训，就能迅速培养出大批的优秀员工，并从中挑选出未来能够迅速进入企业创造出业绩的人才。

现在，为了集中使用资源、获取资源，为了让英特华的人才获取模式更加合理，英特华已经和不少大学达成了合作关系。在这种合作过程中，合作学校的学生会在大学毕业前最后一年来到英特华实习。在实习这一年，英特华并不需要给学生发工资，而是通过培训和实践，让这些学生得到快速成长和表现的机会，帮助他们完成从学生向员工的转型。在这种转型过程中，英特华能够让培训和实践成为员工快速成长的资源基础，发挥积极意义，起到充分的作用。

利用这样的实习机会，不仅企业在一年之后能够获得具备了感恩、忠诚、诚信等品质的团队员工，同时也获得了能够适应企业文化并懂得如何做好自身职业生涯规划的人才储备。可以说，这种培训过程，正是将企业的资源正确运用以获得更多资源的途径。

在校企合作这种资源平台上，除了采取实习方式来提高未来员工职业素养之外，英特华还在实习过程中为学生提供职业技能培训。例如，通过让学生以拜师学艺的形式，成为英特华电商的流程执行，让学生提前真正进入工作岗位，体验角色，从而在未来正式成为团队组成部分。

总体来看，校企合作是良好的资源合作和投入平台。通过这样的合作，能够实现企业的低成本运作，同时也能让企业资源增值，获得更多优秀人才。而这样的平台对其他参与者也有很多好处。例如，学生以前只能单纯地模拟操作，而现在他们获得了真实的工作状态，能够更好地适应他们未来面对的行业发展；又如，学校不仅能够通过这样的实习过程，提高学生就业率，还能在一定程度上帮助学生背后的家庭乃至社会减轻负担。

校企合作的例子，只是英特华集团正确分配资源和运用过程中一个典型的表现。实际上，对企业进行的评价，并不能仅仅对其目前所拥有的资源规模和数量进行评判，更要以其对手中现有资源的利用效率来作为衡量。企业本身就是各种资源的集合体，而企业之间的竞争，也很大程度上围绕着对各自资源利用效率的高低进行。

当然，对资源的利用，离不开对资源和自我解读结果的不断更新。由于企业面临的局面不断变化，其资本、模式和战略也需要不断个性，而企业自身的价值、使命和定位也在不断发生变化。

今天，杨志明经常说英特华是“电商黄埔军校”，他甚至将大学生在校内培训课程之后的淘汰率提升到 50%，一方面，这让培训课程更加严苛而高效，学生们甚至从早晨 6 点钟就开始培训，直到晚上 10 点钟还在做分享，而另一方面，即使被淘汰的学生，换一个企业、换一个行业，也依然有充足的能力去为市场做贡献、实现个人提升。

正是在这样的过程，英特华从原来电商的人才孵化基地，上升为产业互联平台上的“黄埔军校”，完成了对自我资源价值的新投资。

从英特华集团的成长过程来看，对企业内外资源进行合理分配和利用，起码应该遵循下面两大原则：

首先是统一原则，能够确保企业在每个时间段中的每项工作，都能对企业战略意图实现做出整体上的贡献。这就需要企业能够像英特华的管理层，尤其是高级管理层保持稳定的战略规划意识，从而让资源能够得到统一的分配和使用。

其次是集中性原则，要求企业能够将现有的资源进行集中的配合协调，进行有效整合，从而帮助企业获得预期效果。因此，企业不妨像英特华那样，在技术上、功能上或者产品上进行相互联合，使得整个运营系统能够达到最好效果，进行相互匹配和联合运作，保证资源集中使用在最高效的方面。

同时，对于那些中小企业而言，适度地借用资源，也可以有效地弥补企业目前在资源数量和规模上的不足。例如，采取外包、共用、战略联盟等形式，和任何与企业有某种联系的组织，甚至个人进行资源借用，并在这样的过程中积累企业自身的资源。

企业如何进行资源的合理分类和利用，对企业发展速度和质量会有极为重要的影响，而做好这一点，也正是企业家彰显自己管理智慧的重要体现。

时间是一切资本资源

企业在整合资源的过程中，不仅应该注意到人力资源、物资资源、金融资源、信息资源，更应该注意到最容易被忽视或浪费的资源——时间资源。

时间和一切资本都有关系，也可以被称为时间成本，准确地说，时间成本是指一定量的资源在不同时间产生的价值量之间的差异。举例来说，在市场经济条件下，即使没有发生通货膨胀，相同的资金，在不同的时间点上也会具有不同的价值量。今天的 100 元和未来的 100 元不会相同，因为眼下的 100 元显然比未来更加“值钱”。之所以如此，就是因为时间资源产生了作用。

为此，许多企业通过缩短产品销售周期、提高资金周转率等方法，开发和利用时间资源。但真正善于管理资源的企业家，必然是善于整合资源、加强合作的企业家，他们会利用对资源和合作的管理利用方法，来提升时间成本的价值。

在英特华打造运用资源模式的过程中，将时间成本管理得恰到好处，发挥了其充分作用，同时也提升了企业运营和发展的速度。

2013 年“双十一”之后，杨志明意识到，英特华跨越式发展的时间节点又一次到来。此时，传统的企业家已经被市场所教育，电商概念深入许多企业。顺应这样的潮流，他领导英特华开发了电商俱乐部项目，并用两个月时间吸收上百名会员，收到数百万会费。然而，想要进一步利用自己领先于这些企业的时间资本，杨志明必须解决好如何运用手头资源的问题。

为了避免“欲速则不达”而浪费时间，杨志明决定重新优化模式，深入研究制订英特华的资源运用方式。他决定，在英特华最前端的图书销售基础上，利用销售数据，进行 O2M 全渠道营销，并进而研发三大系统：手机 APP、ERP 系统和大数据分析软件。利用这三大软件，做到将手头的资源全部盘活，为激活时间成本而服务。

利用技术让资源互相服务，并加快企业内外的合作，是企业最节省成本的发展方式。这颠扑不破的原则，在英特华之后的发展过程中彰显无遗。

首先是 O2M 全渠道营销理论，这意味着企业通过和其他企业之间的合作，开发多种渠道，和消费者进行互动整合营销传播。在这种营销传播方式中，企业的合作者多种多样，既可以是网站、实体店、服务商、直邮目录，也可以是呼叫中心、社交媒体、移动设备，还包括电视媒体、网络媒体、平面媒体、上门服务，等等。这些渠道强调相互之间的合作和呼应，并打造出系统立体的营销渠道。在这种营销渠道中，企业发挥的作用将不仅仅是传统单向的力量，而是全盘的渠道。通过 O2M，企业掌握的是经营的大数据，能够抢在其他企业之前，拦截住自己想要的客户，并得到最宝贵的时间成本。

举例而言，凡是在英特华网店购买了养生书籍的消费者，都是绿色有机食品的潜在客户，那么英特华就能够联合特定的绿色食品生产和销售企业，为这些客户精准提供有机农产品。这样，英特华的时间成本发挥的价值，显然强于那些传统超市、传统农产品经营店。

由于能够将时间成本的价值成倍发挥，众多企业家才认可英特华的模式，并选择加入电商俱乐部。实际上，英特华在移动互联网和信息化管理领域的努力，也同样是为了节约企业的时间成本而付诸实践的。

例如，英特华手机 APP 的研发，正是为了适应移动互联网时代对时间成本的要求。在新的终端上，消费者购买的频率更高、消费行为更加零碎化，购买时间集中在晚上、周末和节假日。这对企业如何利用时间成本，提出了更高要求。又如，现代企业对时间成本的管理，和信息化管理系统的效率无法剥离，英特华正是从这一点需求出发，联合技术力量，开发和完善了现有的 ERP 系统，然后同其他传统企业合作推广，帮助他们同样提高了时间成本的利用效率。

这三套系统的研发，帮助英特华从合作中得到了更多时间成本的价值。不仅如此，杨志明还希望利用基于这些系统的合作，完成企业的运营目的服务到英特华电商俱乐部的会员企业，让其从对英特华三套系统的免费使用中，感受到合作带来的效率提升。当英特华能够在互联网云端为企业进行资源与渠道的匹配之后，传统企业将会惊喜地看到，合作带来的效果，将是运营效率成倍，甚至数十倍地加快，是英特华的先进工具做到了对时间的节约，帮助他们在新的时代顺利而全面地实现转型！

FROM A COOK

TO A BIG SHOT IN E-COMMERCE

第八章

合作让世界更美好

合作产生福利

早在数百年前，在《人类的起源》中，达尔文这样写道：“最适于生存的，不是那些在体力上最强的，也不是那些最狡猾的，而是那些为了群体的福利，无论强者或弱者都能联合起来互相帮助的动物。”的确，动物界之所以能够进化，其重要标志在于以利他和互助作为基础进行的聚族群居机制，这种机制在人类合作意识和行为的产生与发展中起到了非常重要的作用。

合作能为人类带来福音，也能为企业带来商机与活力。为此，英特华将“合作”的概念引入自身的企业文化中着力加以打造。

每个企业都有自己的特殊企业文化，作为企业的“名片”，企业文化象征着企业的生命内涵，也代表着企业的追求愿景。

在英特华高管队伍中，对于“合作”如何在集团运行的过程中予以体现，也有着不同角度的观点。

在英特华商学院院长汪族伟看来，英特华从广义角度而言，应该是一个电子商务的服务企业。这是因为英特华的服务内容并不单纯限于本身进行的图书销售，它同时还在帮助不同行业的传统企业，通过合作为他们提供电子商务方面的转型。因此，英特华是一个倡导合作的企业。即使从这家企业诞生初始的定位来看，也是电子商务中经销型商业服务企业，而成长到今天，英特华业务所包含的合作空间，已经扩大到全行业的电商服务。这些服务不仅包括人才服务，更包括资源服务、渠道服务等全方位的合作内容。

而在英特华的人力资源副总裁奚刚看来，英特华企业文化中朴实的特色，很易于促成合作。他说，和其他许多企业相比，英特华能够带给人耳目一新的感觉，其重要原因在于员工队伍朴实无华的个性作风。在这种朴实的作风中，人们之间相互信任，而合作文化也就有了更加适宜成长的土壤。

杨志明说，一个能够保持快速增长的企业，其企业文化和管理者所提倡的文化无法分开，而他虽然谦虚地说自己“文化不深”，却能够积极地将自己在不同的培训机构所学习到的内容经过不断沉淀和过滤、有机结合，并提炼成为企业文化的精神内核。

在具体的合作过程中，杨志明强调工作的认真、迅速和坚守承诺。而为了实现整个企业的团结协作，杨志明强调企业应该推行军队化、学校化和家庭化三个板块。

军队化，要求员工不仅是贡献执行力，还需要善于合作，每一个进入英特华的员工，都必须经过军训的磨炼，从而适应企业合作精神的基础要求；学校化，即通过培训员工对知识和技能的重视，让企业文化在员工的大脑中生根发芽，实现知识的集体共享；家庭化，意味着整个企业是一个大家庭，为了让员工们更加热爱集体，英特华经常定期举办活动，如篮球赛、歌唱比赛和生日会等，用温情增加企业向心力和凝聚力。

英特华今天迅猛的发展速度，并不是从天而降的福利，而是经过英特华人长期的合作、探索与实践。正因为有了这种扎根于企业文化的合作特性，英特华才有勇气、有能力开始构建“七园联动”的工程。

让专业的人有精力去做专业的事

专业人才，是企业创新能力的灵魂。企业缺失专业人才，就难以涉足更新的业务、设计更大的项目。根据电子商务专业人才数量的调查报告显示，随着国家在政策上对电子商务的扶持，未来5年内，中国将近3000多万家中小企业，将会有一半以上的成员考虑尝试发展电子商务。而这意味着，电子商务的专业人才需求压力越来越大。

有数据调查显示，2012年，中国电商专业人才缺口为200万左右，2013年，这个数字已超过400万，到2014年，缺口预计会达到500万以上。对目前及未来中国电商人才问题的核心矛盾进行分析可以发现，问题主要表现在电商行业快速发展的现状与专业人才供应不足之间的矛盾上。

一方面，电商行业每年都在以高于GDP数倍的增速快步发展，而大量的传统企业转型电商过程，势必引起专业人才的争夺；另一方面，电商属于新兴产业，专业人才总体存量不足，加上高校人才的培养输出总体上落后，无法满足企业的用人需求，于是形成了电商巨大的专业人才队伍的缺口。

正因如此，英特华在设想“七园联动”项目之前，就已经做好了积极准备，如何让组织不断招到最专业的人才？杨志明半开玩笑地说，他招聘时，最关注应聘者面对两个问题的答案，第一个问题是，“你会吹牛吗”，如果对方说能，那么就说明他面对互联网企业的发展有想法、有勇气，而第二个问题是“你吹的牛能落地吗”，围绕这个问题，对方展现的将是他的具体执行能力、经验和素质。

如果这两个问题的回答都能让杨志明满意，那么，这样的人才就有机会进入英特华，找到对口的工作方向。

有意思的是，对于第一个问题就做出否定回答的人，杨志明会换一种角度来问：“我吹的牛，你信不信？”如果答案是肯定的，他会继续邀请对方说说，如何将“吹的牛”落到实处。

英特华之所以有底气说自己掌握着“专业的人”，就是因为他们既看重人才是否“敢想敢说”，又看重人才是否“能做能干”。围绕这样的标准，他们已经连续数年，在不断完善自己用于建设合作平台的人才库，不断做好储备，打好企业的根基。英特华商学院在两年前就迅速成立，并和多所大学进行合作，为英特华自身培育出大量的专业人才。而当英特华开始为传统企业转型电商进行服务时，他们同样将会利用包括商学院在内的强大专业人才培养和输出能力，为传统企业更加快速、低成本地进行转型提供强大的专业人才保障。

在这一领域，人力资源副总裁奚刚贡献显著：正是依靠他的努力，打造出了电商人才的完整供应链，并建立起电商人才的“黄埔军校”，为“七园联动”项目成功推进做足了准备。

其实，奚刚能够了解具有传奇色彩的英特华、能够认识更加具有传奇色彩的杨志明，同样来源于他敏锐的个人专业素养。在一个很偶然的机会，他听说既不会上网购物也不会收发邮件的杨志明，却是年销售 5 个亿的电商企业老总，这让研究人力资源的他既感到疑惑不解，又兴趣盎然。正是在这种好奇下，奚刚加盟了英特华。他自己说，HR 的专业习惯，就是不断研究各种各样的人，他自己也是希望通过和杨志明的共同奋斗，让整个职业生涯得到升华。

在奚刚的领导下，英特华培养专业电商人力资源的工作徐徐展开。在不少企业，很多人将人力资源的工作看作简单的招聘、培训和考核等事务性工作，但英特华并不这样看，对人力资源管理的最高目标，在于将专业成本最大限度地转化成资本，让专业的人做出专业的事情来。

这一点说起来容易，但操作中并不简单，许多企业中，从员工到领导，甚至到老板，都并没有表现出真正专业的精神和面貌。而想要让专业的人干出不平凡的业绩，就要通过人力资源管理的技术手段，诸如对组织机构进行调整、对人力资源进行配置等等，从动机上解决专业人员工作的方向问题，从而让员工们不断地提高生产效率，让专业人员的潜力能够被作为不断开发的资源而源源不断地使用、最大限度地发挥作用。

在过去的准备阶段中，英特华着重致力于搭建具有特色的专业人才队伍培养平台，打造人才供应链，让企业自我完善和发展，成为电商人才的后备库。而随着英特华业务的扩大和转型，必然需要更多优秀的专业人才为传统企业服务。为此，杨志明将更高的目标放在奚刚的面前：

除了借助商学院培养体系之外，他还需要为英特华筹划、设计和建立专门应用于专业人才识别的“鹰眼中心”。通过这个中心的高效运作，企业将能够识别出不同内心的内外部专业人才，并将这些人才招募和使用到为传统企业服务与合作的过程中。

杨志明承认，让专业的人做专业的事情，企业之间的合作才能有基础和未来。为了达到这样的效果，英特华对投入不惜重金，也并不太担心培养出的人才跳槽到其他企业中。用杨志明的话来说，一些人才会在对他们的专业化使用中脱颖而出，而其中的一些人则会因为提升和流动的机会而选择跳槽。但是，英特华有这样的气魄和度量接受市场中必然的法则，而对于整个电商行业内部的竞合态势而言，只要有了足够的电商专业人才出现，电商行业将最终摆脱野蛮生长的状态，而当整个行业的专业化提升之后，英特华自身也将得到更大的回报，成为更坚强的核心企业。

让每个人都能找到精神的家园

企业并非仅仅需要市场就可以，这是因为一家不断壮大的企业，离不开思想的支持和经验的推动，离不开精神的动力。

在互联网时代，企业其实更容易找到其精神的家园。这是因为通过电商合作的平台，企业家之间能够进行充分的思想碰撞，将各自对企业进行管理的经验进行共享，而有了这样的交流过程，产品和产品之间才能互相影响，合作才能产生积极的显性优势。

在英特华打造的电商俱乐部、电商大学和“七园联动”等诸多项目过程中，围绕着如何玩转电商，从董事长杨志明、首席运营官曹琪忠、首席战略官程泽周、常务副总裁朱周明等诸多高管的工作点滴中，都体现出为传统企业和企业家参与对话、交流所贡献的努力。

杨志明曾经说过企业家在互联网时代寻找精神家园的重要性，他说：“在互联网时代，企业如果有销售额，或者有足够用户，或者情况更好，能够拥有足够利润，就都能融到资本。即使这三样优势都没有，如果能够拥有独特的思维或者技术，也能拿到融资机会。”显然，在互联网时代，想要获得独特的思维，企业家必须要利用面前的机会，参与到思想交流过程中，得到发展的动力。换言之，抓住思想交流机会、走进英特华为传统企业和电商企业创设的“精神家园”，对于企业家和企业而言，都有着相当重要的意义和作用。

为了让传统企业的老总们得到更多通向精神家园的指引，杨志明和英特华其他高管总结出了英特华能够走向成功的五条经验，包括钻圈子、找玩法、寻支持、有胆量和搭班子。传统企业如果能够走完这五个步骤，就意味着他们会面向更加宽阔的思想交流舞台，获得更加丰厚的共享机会。

想要进入精神交流的家园，企业家首先要明白怎样钻圈子。杨志明拿自身做例子，表示自己在进入电商领域之前，始终都处于“无知者无畏”的状态中。直到进入电商圈子并被“电伤”之后，才明白“无知就是障碍”。为此，他才会决定走进电商圈子，去进行积极的思想交流。在参观了安徽老家的多家知名电商企业，如三只松鼠、羚羊早安之后，杨志明逐渐学习到他们的成功经验，并进行了思想上的理解、执行过程中的复制。

同样，英特华首席战略官程泽周，也表述过自己对于企业家钻圈子的看法。他认为，企业家想要正确地进行思想交流，先要认清楚圈子中的思想价值，其次要看清楚进入圈子进行思想交流的成本，另外还要知道怎样去进行圈子的经营。即使企业已经做大，但如果企业家能够站在将自己的经验传递给整个圈子的角度思考，真诚地和其他企业交流，也就自然会获得来自圈子的帮助。

其次，企业家还要懂得找玩法，即定下企业的战略。在杨志明的口中，想要懂得做好企业的经验共享，就应该找好企业自身的商业模式定位，设计出好的商业模式，这才是企业自身发展壮大的根本。例如，杨志明不仅树立了英特华独特的商业模式，还通过阐述英特华在大数据、全渠道营销、电商大学和商学院等方面的构建过程，进行了玩法上的解释，从而让企业自身的玩法产生应有的吸引力。

最后，企业想要和合作企业进行思想上的互动，企业家必须找到支持互动的下属。在英特华，杨志明曾经体会过缺乏支持的痛苦，但他还是通过独特的方法，获得了曹、程、汪等三位高管的理解和支持。他所采取的做法，是通过定期请他们到公司来，向他们汇报和分享企业过去一个月所经历的变化、取得的成绩，并告诉他们自己下一步要做什么。这样，一而再，再而三，随着思想上的互动加深，得到的支持力量也同时加大，企业的高管队伍力量强大起来，而企业对外的交流能量也会随之加大。

另外，企业想要积极同外界进行思想交流互动，还需要有充分的胆量。这意味着企业家需要有一定的胆识和魄力，敢于及时动手执行；而在搭班子方面，则需要围绕自身的商业模式确定需要的人才，经过及时准确的搭建，形成可以推广和复制的经验。

在完成五个步骤之后，企业才能更好地走到分享的环节，去为其他企业提供思想上的宝贵财富，做好交流和分享的服务。

例如，在英特华电商大学中，为了让参与其中的企业家都能得到足够的收获，特地设计了初级、中级和高级三个不同层次的课程体系。其中，标准的课程体系包含三种产品形式，分别是：行业分析报告、企业诊断报告和电商战略规划。行业分析报告，包括市场规模的测算、竞争格局的分析和行业精英的思路；企业诊断报告，包括企业在资金、品牌和供应链等方面的实力、在技术和原料上的优势、在团队和品牌方面的电商基础及资源；电商战略规划，包括三年战略规划、团队策略、品牌产品策略、渠道资源的整合策略、财务策略、电商模式选择、运营的成长路径、首年运营计划，等等。

与比较偏重理论交流的标准课程相比，中级课程则主要集中在理论之外，强调企业家之间如何做好电商的实际思维交流。而高级课程则强调进行思想交流之上的战略合作，利用英特华提供的交流分享空间，完成参与企业的转型和升级。

在这样的思想交流过程中，不少传统企业因为同英特华集团的战略合作，而获得了改变与提升之后的显著结果。

例如，天津简达贸易有限公司的张伟才总裁，就感慨地说过这样一番话："我是做服装行业的，两年前感觉电商是个大趋势，但是不知道怎么弄。后来听到一句话，说站对风口，猪都会飞，我也想当那只猪飞一把。可是做了一些市场调研，发现猪不光能飞起来，还能摔死。我就觉得事儿不好干，就放下了。一晃到了今年春节前后，接触了英特华，坚定了做电商的信心。"实际上，正是因为英特华提供的交流机会，让张总和他的公司得到更多思维共享之后，获得了不同的观察视角和实践方向。

同样，北京格林赛欧有限公司，曾经也是一家主要做服装商贸生意的传统企业。这家公司曾经在转型电商的路上投入了将近30万元的成本，但是企业的业绩并没有因此而产生什么起色。正是在了解到英特华所创造的电商俱乐部模式之后，这家公司的总裁宋建鸥看到了希望，她决定采取三年时间有效地复制英特华的经营思想，推动自己企业的跨越式发展。

正如杨志明在电商论坛上所做出的致辞那样，企业家们相聚在一起，是对未来充满希望，对交流充满期待。可以相信，英特华提供的一系列活动并非结束，而将是开始。未来属于颠覆者、属于共享者，而不是墨守成规者。当今天的英特华为企业家们打开一扇大门之后，未来的他们将和英特华一样启动变革的步伐，共同在电商俱乐部和七园联动等项目中追逐梦想、放飞期待！

不敢想象你也有如此大的力量

传说中的泰坦巨人，需要站立在土壤之上才能汲取无穷神力，而今天的七园联动蓝图，无疑为企业之间的合作规划出更好的未来。英特华希望促进这样的合作，让自己可以从中得到那种“泰坦之力”。

“七园联动”蓝图，最初的起源来自杨志明对万达商业地产模式的观察和总结。众所周知，万达之所以是今天中国最强大的商业地产帝国，和该企业始终保持着与众不同的商业模式有关，而其模式的精髓，则在于超越普通商业地产模式的合作特性。

经过第一代“单店”模式之后，万达经过了第二代即“零售组合店”的模式，在这种模式中，若干购物中心进行整体出售，获得溢价的利润。但在第三代即“城市综合体”中，万达将更多的购物、餐饮、文化和娱乐等功能集于一体，从而形成面积在 50 到 100 万平方米之间的独立大型商圈。在这种赢利模式中，核心商业部分只进行出租，但不出售，而另外占据了整体项目 40% 左右的住宅、小型商业和写字楼等项目则进行出售，从而解决资金支持的问题。

在目前万达最新使用的第四代商业模式中，采取下面的合作模式：15 万平方米左右的单体购物中心；10 万平方米左右的创意休闲街区；10 万平方米的体验娱乐中心，包括剧院、会展中心、电影院、影视主题项目等等；再加上 10 万平方米的酒店集群和 20 万平方米以上的写字楼等等。这样强大的组合，形成了合作联动的强大力量，推动了完整的产业链，加强了企业核心的竞争优势。

在推广这样的发展模式中，万达的选址模式首先产生了重要作用。其中，主力店共同选址、租金平均分摊，是相当重要的内容，保证了万达合作力量的来源。

所谓主力店共同选址，即万达集团会和众多的国际国内知名品牌企业、主力商家，等等，进行联合发展协议的签订。这样的协议包括了双方的权利和义务，这些和万达集团签约的企业和商家包括了诸多紧密的合作伙伴，双方约定，万达广场的开发过程中，作为合作伙伴必须要跟进开店。而所谓平均租金，就是双方之间不围绕单个项目的租金高低进行谈判，而是要节约谈判时间，保证迅速扩张和发展，同时保证企业得到稳定的租金收益。为此，万达在协议中将合作模式中的租金分为三个档次：第一档次是一线城市；第二档次是省会等二线城市；第三档次则是全国其他城市。

有了这样的合作基础，万达还需要将合作的力量发挥出来。这种力量的发挥基础来自万达模式和城市改造之间的结合，和政府共同打造新商圈的过程。由于万达具备了诸多形态、各种品牌的企业和店家合作的基础，对于地方政府就有了充分的吸引力万达的综合体，能够为其进驻的城市增加上万个就业岗位，能够创造数千万元甚至上亿元的税收，能够利用其一站式的消费来满足城市居民的消费需求，能够为城市带来新的地标中心，并为第三产业提供更加集中广阔的发展平台，并带动所在城市的产业结构调整，等等。这样，万达受到地方政府的欢迎也就是顺理成章的事情了。

杨志明对万达模式有深入的分析和研究，他从考虑学习万达模式到创设“七园联动”的蓝图，有相当一段时间在考虑如何对万达模式进行模仿、学习，并准备未来的超越。

实际上，从万达模式诞生开始，就因为其主动选址的能力而获得了充分的自主权，积极控制土地的成本。通过选择城市副中心、新城区和新商圈，万达能够确保其拿地价格低于同区域的市场均价。

除此以外，万达能够很好地掌控主力店的全业态组合，确保万达的商业地产开区之后，就能够迅速产生繁荣景象。而这种速度是其他任何商业地产所无法具备的。同时，万达还能因此而进行更加快速的开发、销售，并尽可能地提高资本的周转效果。

根据万达模式，杨志明为英特华未来的“七园联动”蓝图做出了下面的规划。杨志明是这样去描绘英特华未来的发展蓝图的：“我们将会吸收万达的经验，然后利用英特华自身的潜力，打造能够高效复制推广的模式。我们会在每个城市，选择 40 家不同的企业，每家企业提供 100 名员工，这样我们就需要提供 4000 个实习生给企业，并在企业内部形成英特华实训基地。这个实训基地将由大学院校提供教学场所，而随着学生的成长，他们将会在为企业服务的过程中变成主管，在一年之内，他们又可以教会 7 个人做电商，这样电商人才就实现了数量上的倍增，变成了 28000 人。而在政府的扶持下，这些人将会构建成为电商人才孵化基地。利用这样的优势，企业去顺势而为，让电商人才孵化基地的建立去吸引更多的企业进入项目，众多企业联合起来，将能够形成电子商务园。而电子商务必然存在发货的环节，这样，就需要提供物流园区为之服务；电子商务自然需要信息化的管理过程，软件开发必须与之配套，自然就会形成开发为主的科技园……这就是让我为之奋斗的终极目标——‘七园联动’。在未来，英特华的‘七园联动’将会像万达一样，遍布每一座城市。”

“七园联动”，不仅有着理论上实现的可能，更有着实践操作的意义。

首先，建立一个拥有较多电商企业参与的大圈子。在这样的圈子中，那些原本经营效果较为一般的电商企业，能够使用英特华的商业模式，获得新的思路启发、从集体合作的实践中得到新的力量。同时，这样的圈子也可以吸引那些发展思路遭遇瓶颈的企业，在这些企业中，企业家的创新意识伴随其企业的业绩增长而逐渐降低，企业面对的市场规模和份额似乎也停滞不前，但随着联动发展模式形成，企业相互之间将带来新的机会，同时企业家的视野也能得到拓展，寻找到新的兴趣点、新的发展路子。

其次，“七园联动”的合作模式能够为企业带来经验的分享。杨总认为，英特华的成长过程中积累了大量的经验，但这些经验背后也有相应的教训。如果能够打造出一个由“七园联动”打造的平台和圈子，能够让众多有不同经验教训的企业进入并进行相互分享，就能够从一开始让这些企业认识到未来成长过程中应该规避的困难和危险，加大企业发展的力度，保证企业发展的正确方向。

最后，所谓“七园联动”，即指在不久的未来，由英特华主导的文化园、创业园、电子商务园、科技园、工业园、娱乐园、别墅园等“七园”，将根据不同企业所掌握的不同资源，在不同的城市落地生根、迅速发展。这样，其中每个企业都很可能只需要花很少的钱，去共同获得政府的优惠政策，去共同在不同省份的省会城市进行投资，打造出共同的企业运营平台。由于企业共同所拥有的强大资源，这样的“七园联动”必然可以产生重要的效益，对企业、社会都带来良好的影响。

“七园联动”能够产生的效益是难以估量的，但归根结底，这样的效益仍然需要英特华全体上下员工的努力，只有英特华不断做大做强自身的实力，才有更大的能力和责任，挑起“七园联动”合作模式的“领头羊”重担，让更多的企业看到这种模式的乐观未来并投身其中，分享到更多他们原本无法估量的合作力量。

英特华电商俱乐部

电商俱乐部，是英特华在现有基础上踏出的关键一步，之所以如此说，是因为通过俱乐部的构建和运行，英特华将创建出企业之间在电商平台上进行的更大合作可能。

无疑，企业之间的合作关系是否能够得以成立并持续，很大程度上取决于企业家的决定，而企业家也是人，他们必须置身于合适的环境，方能做出有利于推进合作的决定。

但现实中，企业家并不一定拥有这样的合适环境。

杨志明在和诸多企业家进行交流时，发现过这样的情况：明明是很好的发展方向，明明是良好的合作机会，但由于缺乏下属员工的理解和支持，企业家最终只能选择放弃。对此，杨志明有着发自内心的惋惜。

同时，英特华的自身发展经历也证明，在信息时代，企业之间在商业模式上合作方向的发展，不可能靠“灵机一动”，或者是长期闭门造车，因为无论采取其中何种方法，由于缺少对现有企业的学习、信息的把握，都可能导致企业走向错误方向。相反，一个有志于拥抱电子商务时代的企业家，有必要不断地向其他已经有所成就或者正在努力的企业进行努力模仿、学习，最终达到超越。在这样的过程中，企业和企业之间的交流平台，就相当重要了。

更长远地说，如果有这样一个平台，对于平台上的每个企业、对于平台开创者自身，也都是有着广阔的利益前景的。通过这个平台，获得的很可能不是碎片化的经验，而是一整套适用于企业自身的未来发展模式，并得到长远的合作空间和价值。

出于杨志明想要推动中国电商模式发展的愿望，英特华电商俱乐部顺势产生。

在这家俱乐部中，每个月有四天三夜的研讨会，在研讨会上，俱乐部中的企业老总们共同梳理和探讨关于商业模式的相关认识和想法，从中剖析企业应走的道路。在周六日，老总们会举行一些类似沙龙等聚会，邀请有成就的企业家或者有实际经验的专家来进行相关培训和指导。

目前，电商俱乐部已经集合了上百位各行各业的企业家，他们都带着自己对企业未来美好的憧憬，参加俱乐部的活动。每次活动中，都不乏热烈的讨论，甚至针锋相对的辩论，正是这样宽松、和谐而不失创意、竞争的俱乐部氛围，每每让俱乐部会员们感到耳目一新，为整个人的思维注入新鲜的活力。

英特华组织起的电商俱乐部，正是能够促进企业和企业之间合作的重要平台。在这个平台上，杨志明势必会带领他的队伍走向更大的渠道与产品整合之路。

工具改变时代。在英特华的科技公司地辛勤努力下，完成了对相关手机 APP、大数据系统和销售企业 ERP 系统的开发。而一旦选择加入电商俱乐部，就意味着企业将免费获得这三大系统，并利用其进行积极的互动和充分的合作。

对这样的电商俱乐部，杨志明总结出的是："有产品，为你找渠道；有渠道，为你找产品。"

有一家生产、销售木耳的乡镇企业，产品质量相当好，有机木耳的营养成分高于其他竞争对手的产品。但是，他们始终苦于销路打不开，无法获得足够的市场份额，整个企业难以成长。

当这家企业进入英特华电商俱乐部以后，很快就发生了变化，他们通过大数据系统，获得了第一手客户需求：在深圳、上海等大城市，有近百家瘦身减肥企业需要优质的木耳来生产减肥饮食产品。于是，这家企业很快就从中打开了自己的产品销路，并迅速得到成长。

同样，有渠道的企业，也能从俱乐部中获得产品，从而让自己的渠道获取更大的价值内容。例如，某家原本是做培训的企业，通过电商俱乐部提供的机会，现在也能够同时为企业家提供出版业务的服务，让其原本具有的渠道获得更大增值。

放眼未来，英特华的电商俱乐部将会提供更多的合作机会，并和英特华的"七园联动"项目合二为一，相互促进。在这样的征途中，2014 年 4 月 26 日之夜，注定是一个不凡的夜晚。

这一天，第六届学习型中国资本论坛暨首届电商论坛进行到第二天。这一天晚上，英特华"电商之夜"活动开始了，董事长杨志明率领英特华的高管团队，和众多企业家共同探讨和分享英特华在转型"电商之路”上获得的宝贵经验。阿里巴巴集团副总裁高红冰、《学习型中国》杂志社社长王富荣等中国电商实践和理论界的重量级人物，都出席了活动，并做出精彩讲话。

在这次活动中，杨志明全面论述了电商俱乐部的性质、内容和意义，而活动中的圆桌对话、专家演讲等环节，也从不同角度，用事实的铁证，为处于期待合作而无法抓住合作的企业家们解决了迷茫和困顿，打开了通往全面合作领域的大门。

在开场致辞时，杨志明这样坦诚地说道：“我跟大家一样，也是个创业者，我对未来一样也充满了恐慌，我也不知道下一刻这个世界会发生什么。互联网世界里创造了太多我们看不懂的奇迹、看不懂的模式，以及让我们眼花缭乱的数字。”或许，正是因为经历过想要合作却不知如何开始，想要寻找却不懂正确方向的困惑，今天的杨志明才有了更多的执着和责任进行合作经验的交流和分享，也就有了他对电商俱乐部更大的设计构想——启动英特华电商大学。

正是在这天晚上，杨志明宣布，借鉴企业内部的商学院模式，将英特华电商俱乐部发展成为更大的平台——英特华电商大学。在启动仪式上，身着统一黑色T恤的企业家们将手按在象征美好未来的水晶球上，他们团结一心，这样简单而有内涵的举动，宣告英特华电商大学的正式启动，也代表英特华电商俱乐部合作精神的进一步延伸。从此时开始，这个旨在为传统企业家们提供畅想和行动的更大空间的机构，得到进一步成长，为许多寻找答案的企业家带来更多希望。

英特华电商大学的校长，是英特华集团首席运营官曹琪忠。杨志明对他的评价是："一位有结果的人。"的确，曹琪忠曾经亲自推动两家医药公司上市，现在，作为英特华打造大合作战略的操盘手，曹琪忠更是在英特华电商俱乐部到英特华电商大学的快速发展过程中起到至关重要的作用。为了顺利地推进电商大学的成立，早在两个月之前，他就开始招兵买马，聚集了来自亚马逊、阿里巴巴、顺丰、苏宁等不同企业的20多位专家导师团。这些精英人才的加入，更大程度上保证了电商大学队伍的专业权威，更好地从技术和理论上为未来电商大学提供优秀的合作机会做出保证。

在电商大学的启动仪式之后，阿里巴巴高级副总裁高红冰发表感言，他结合了阿里巴巴的淘宝大学、义乌工商大学两个电商人才孵化机构的案例说明，英特华电商大学将成为培养出更多在电商行业进行合作、帮助传统企业走上转型升级人才的大学。而随着互联网不断对经济领域进行多方面渗透，不断对商业领域进行充分颠覆，将会有越来越多类似于电商俱乐部的合作机构不断涌现，而随着英特华电商俱乐部向电商大学的进步，这家企业主导的合作平台将会有更大的生命力。

的确，英特华电商大学的成立，为当前传统行业进行合作方式、合作途径的转型，树立起一个显著的标杆，利于他们进行借鉴、交流和学习。英特华作为传统企业向电商企业转型的标杆，自身积累了三年关于合作的宝贵经验，能够让更多企业家在转型合作时少走弯路，而选择捷径。

站在经济舞台的全局眺望，可以看到，这是一个颠覆的时代，新出现的企业如果走了正确的道路，选择合作联手，就能够有效颠覆过去的霸主。但同时，这也是个复杂的时代，在互联网经济日新月异的发展下，一切都变化迅捷，而令人无法完全单独面对。

在这样的时代中，很多传统企业和传统老板是感觉孤独的，因为他们对于今天互联网经济的玩法并没有看懂、并没有摸清。如果在这种孤独的体验下，不能及时携手合作，就注定无法跟上互联网发展的步伐。传统的企业在哪里？答案只有一个，就是积极联手，形成互补的体系，并向体系中有经验的成功企业学习，去复制他们的经验，从而帮助传统企业自身获得迅速发展。

英特华凭借自己曾有的发展力量，有理由成为倡导电商合作的标杆。同样，人们也相信，英特华凭借自己不断进取的精神、不断颠覆的斗志和不断升华的境界，势必通过努力，成为未来中国互联网电商企业中“圈子”合作、模式创造的倡导者、构建者和领军者。人们有理由相信，杨志明领导下的全体英特华人，必将顺势而为，一路前行！